理解

轻重度
PSYCHOLOGY

现实

困惑

爸爸的鬼点子

原来心理学家这样带小孩

黄士钧 著

（哈克）

中国纺织出版社有限公司

内 容 提 要

陪伴、教养小孩时，经常"没招"？学心理学的哈克爸爸，面对成长中孩子的种种状况，总能想出实用又有趣的好点子，和孩子一起享受成长。一首儿歌、一句关键时刻的关键问句，可以让原本抗拒上学的孩子开心、顺利地完成成长任务，且看哈克如何利用各种奇思妙想，化解育儿现场出现的种种难题。

著作权合同登记号：图字 01-2022-4537

图书在版编目（CIP）数据

爸爸的鬼点子：原来心理学家这样带小孩 / 黄士钧著 . -- 北京：中国纺织出版社有限公司，2022.10
ISBN 978-7-5180-9638-1

Ⅰ.①爸… Ⅱ.①黄… Ⅲ.①亲子教育—研究 Ⅳ.①G781

中国版本图书馆CIP数据核字（2022）第109705号

责任编辑：关雪菁　王　羽　　责任校对：高　涵
责任印制：王艳丽

中国纺织出版社有限公司出版发行
地址：北京市朝阳区百子湾东里 A407 号楼　邮政编码：100124
销售电话：010—67004422　传真：010—87155801
http://www.c-textilep.com
中国纺织出版社天猫旗舰店
官方微博 http://weibo.com/2119887771
天津千鹤文化传播有限公司印刷　各地新华书店经销
2022 年 10 月第 1 版第 1 次印刷
开本：889×1194　1/32　印张：7.5
字数：96 千字　定价：58.00 元

凡购本书，如有缺页、倒页、脱页，由本社图书营销中心调换

推荐序

在鬼点子的后面

黄锦敦
心理咨询师、作家

前些日子,在收到哈克推荐序邀约的同时,我正准备着一场演讲,主题是:父爱。那时,我在大纲里写下的第一行文字是:

"在父亲养育我的过程里,我喜欢且印象深刻的画面是什么?"

因为这问句,带出了画面,我在电脑前开始敲打下文字。

对于父亲,心里一直有个画面,我猜大概是我七八岁的时候吧,家的后院即父亲工作的地方。有天早晨,我在工厂旁的厕所里,坐在马桶上,阳光从小窗透进来,我听见在后院的父亲一边工作一边哼着轻快的旋律。不知怎的,这个很一般的画面却在我成长的过程里重复出现,好几次,当我心情轻快哼着曲调时,都会想起那时的父亲，有种情感和特别气氛在这样的画面里定格。

关于父亲，还有另一个我喜欢的画面是在我四五岁左右，场景也在家里的后院，小小的地方既是工厂，也是餐厅，工作之余的父亲常把右手掌摊开，让两岁多的妹妹的一双小脚站在他手上，左手则扶着妹妹的小小身体，然后"呼"的一声将妹妹高高举起，接着一边左右轻轻摇晃，一边哼着旋律。那时，可以看到妹妹咯咯咯地大叫大笑，在一旁的哥哥、我和母亲，也在抬头看着妹妹之际一起欢笑。

三十几年后，我在女儿也是两岁多的时候，在我自家的餐厅里，也一次次地把女儿一双小脚放在右手掌上，左手扶着她小小的身体，然后"呼"地高高举起，哼着随意的旋律，也是一家的大笑。这个游戏一直到去年女儿小学二年级时，我的手已经支撑不住孩子长大的身体才停止。

我猜父亲一定没想到这两段画面，就这样被我留下来，被我活出来。而这两段画面对我的影响，不是来自

推荐序

父亲对我"做"了什么,而是他活出的一种样子,这样的画面像是酷热夏季的清凉晚风,在辛劳的生活里却拥有轻松快乐的情调。从这里,我回头来说我阅读哈克这本《爸爸的鬼点子:原来心理学家这样带小孩》时心中的感受。

书中这些一个又一个的鬼点子,如"大便成功幸运转盘"这样的文字,我读着读着,心里常会喃喃地说:"哈哈,这就是哈克,这方法只有这家伙想得出来。"我觉得这样带孩子的方式实在令人感到惊讶、神奇。

我们都知道爱孩子需要方法,想在孩子千变万化的成长过程中持续地爱他们,那真需要许许多多充满创意的方法,才不会一直陷进"父母管,孩子叫"的悲惨剧本里。在这本书里,哈克让安稳与亲近成为爱孩子的汤底,把创意与搞笑变成爱孩子的香料,让养育孩子的挑战时刻也充满美妙滋味。

不过,阅读此书真正让我感动的,不是这些鬼点子,而是这些鬼点子背后,哈克这个父亲在孩子面前活出的一种样子。他让孩子体验到，一个父亲如何用趣味、快乐的方式面对生活中的困难。同是为人父的我可以想象，如果我的孩子能感染到这样的人生态度面对成长中的困难，那会是多有价值的教育过程。

此外，此书触动我的就是那充满在书中的享受味道。

哈克，一个父亲，在书里一个个鬼点子的时光里，我常能感觉到他是非常乐在其中的。我认为，父母自身若能在养儿育女时也享受其中，这样的片刻本身就会传递出最珍贵的信息给孩子，就如同我父亲在我面前把妹妹高高举起、全家开怀大笑的画面一般。

所以，与其说这是一本充满方法、策略的亲子书，倒不如说这是一本传递怎么让享受的味道留在家里的好书。

自序

当心理学家，成了真的爸爸

黄士钧

（哈克）

我当爸爸的资历，在 2016 年出版这本书的夏天，刚好满 9 年。大女儿黄阿赦在 2007 年的暑假出生，小女儿黄毛毛在两年后出生。我原本以为，身为一个心理咨询博士，当爸爸之后应该会得心应手的。实际上呢？呵呵，想也知道，心理学上的概念知识，与现实生活里捕捉、照顾活跳跳的小生命，当然是两个世界。

而这两个世界的中间，隔着宽宽阔阔的溪谷。

岁月走着，那两个原本被包在小毛巾里、只会呜呜叫的小东西，转眼已经是会和妈妈争取今天要玩游戏久一点、今天可不可以不要洗头的小家伙了。而当爸爸的我，一天一天地，在两个世界中间的宽阔溪谷上，架起了绳索、流笼，也一点一滴地搭起了让结构得以稳固的木桥。

爸爸的鬼点子
原来心理学家这样带小孩

20 年心理咨询的专业经历让我知道，人在两种情境下，特别容易靠近真实的自己：一是安全信任的情境，二是好玩、有趣的气氛。这本书，有一大半的鬼点子都在描述孩子的真实模样，以及如何在好玩有趣的氛围里，被好好地看见、陪伴、支持。有时候我会这样想，既然当爸爸的我，有时候不太有足够的耐心，长时间照顾孩子的生活起居，那就来跟孩子玩吧！

写自序的这个清晨，我问 6 岁的黄毛毛："妈妈在家里是负责什么的？"

"妈妈负责吃饭前可以吃什么、不可以吃什么。像是在幼儿园啊，有时候会发糖果啊，我就会问妈妈吃饭前可不可以吃。"黄毛毛一点迟疑都没有地回答。

"那爸爸呢？爸爸在家里是负责什么的？"我好奇地问。

"爸爸……嗯，爸爸是负责快乐的！"黄毛毛一边画画一边很确定地回答。

呵呵，"playful"真的是我的关键词——好玩的、爱

自 序

玩的、快乐的、趣味的、一起玩的。所以，我把握着机会，能够温暖陪伴时就让心暖暖地在，而当孩子能量低低、动不起来时，就给出一份好玩的心，点起好玩的小火苗，让家，变成一个有趣好玩的地方！这些好玩的小火苗，一个一个落在这本书的故事与画面里。

想象着，可能十几年后的一天，女儿要出嫁了。婚宴上，灯光打暗，投影的大银幕上出现新娘儿时的模样，我猜想着，说不定有好几个在这本书里出现的画面与身影，会在那个时刻，陪伴着喜悦流泪的爸爸。

这本书，真心地分享这些珍藏的小故事，期盼故事能扮演连结两个世界的绳索、流笼、木桥。诚心期盼着，故事里的那些好玩的场景画面，有机会在不同的房子里、角落里、季节里，立体地活起来。

目录 CONTENTS

Part 1 第一部分
爸爸的鬼点子　　　001

"老公赶快回来，女儿找不到数学考卷了！"　　／003
——孩子情绪卡住时

大便成功幸运转盘　　／012
——玩个游戏，让孩子便便顺畅

创造期待的神奇隐喻　　／017
——"牛奶巧克力日"

"来，爸爸帮你冲水！"　　／024
——放学后的变身仪式让作息得以顺畅

把火药味浓的时刻，翻转成欢乐时光　　／032

孩子不爱吃你煮的东西怎么办？　　／038
——在家点菜篇

Part 2 第二部分

和孩子的直觉力量连上线 047

"冰冰水游泳池，冬天玩几分钟最快乐？" / 049

如何唤醒孩子心中的聪明小精灵？ / 057

当孩子不想上学时，来个意想不到的陪伴 / 069

目 录

Part 3 第三部分
因为凝视，推开懂了的门 083

在安静的呼吸里，遇见孩子的笑容	/ 084
委屈不会没有，伤，可以少一点	/ 087
"能这样大哭，真好。"	/ 096
"爸爸，你不要生气了，好不好"	/ 101
"你过不了哪一关？"	/ 105
"爸爸，我没有耐心了"	/ 110
"今天，想对谁温柔？"	/ 121
在凝视里，互相取暖	/ 129

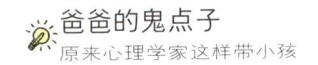

Part 4 第四部分

在对话里，陪孩子长出力量 135

提味辣，让香味不由自主地散发出来	/ 136
长出力量，长出自由与温柔	/ 143
更亲近孩子，也让孩子更自由	/ 156
——拉筋延展句型	
关键时刻，给出孩子需要的陪伴	/ 164
——安稳句型	
当考卷来到孩子的世界里	/ 171
孩子，就这样悄悄地学会了	/ 183

目 录

Part 5 第五部分
许愿本——与孩子的美丽约定 195

"什么多一点,什么少一点?" / 196
——许愿本缘起

许愿本之一:手作木工存钱筒 / 202

许愿本之二:阿毛的荡秋千 / 207

许愿本之三:在水里会跑的小木船 / 211

许愿本之四:惊叹号木工作品 / 214
——手作弹珠台

许愿本之五:阿毛的小木屋信箱 / 218

第一部分
Part 1

爸爸的鬼点子

照顾小孩长大，真是一件混搭着挑战、趣味、欢笑、哀怨，又考验智力的生命任务。如果孩子鬼灵精怪，照顾者的那些带着创意的小点子，常常可以自然地迎接孩子的灵活与可爱；如果孩子乖巧温驯，那么，照顾者偶尔冒出的可爱小点子，说不定很有机会滋养着孩子内在弹性与直觉的力量。

我的两个孩子，一个温柔乖巧，一个灵活奇巧，于是，似乎呼唤着我，要把所有的潜力都叫出来，与孩子的成长一起飞翔。

故事，就从照顾孩子每天都要遇到的事情说起喽……

人物介绍

大女儿：小名黄阿叔，2007年出生

小女儿：小名黄毛毛，2009年出生

第一部分　爸爸的鬼点子

"老公赶快回来，女儿找不到数学考卷了！"

——孩子情绪卡住时

"老公，你赶快回来，女儿找不到她的数学考卷，她困住了，一直哎哎叫……"那是一个春天的星期五傍晚，电话的另外那头传来夫人的求救。

"好啊！10分钟就到。"

10分钟之后，我推开门，那个平常总是热情的、第一个冲到门口迎接爸爸的大女儿，今天没有冲过来。小学二年级的小女孩头低低，眼垂垂，身子完全不动地坐在餐桌的座椅旁，8岁的她，就这样站着，没有像平常一样咚咚咚咚跑过来扑到爸爸的怀里。

我脱下球鞋，温柔又安静地对着女儿说："来，来爸爸怀里，爸爸疼疼你，你找不到考卷一定很着急又很挫败……"

爸爸的鬼点子
原来心理学家这样带小孩

女儿没有表情、低头很慢地走过来。能量低的时刻，孩子的身体常常会第一个完整呈现出来。因为能量卡住了，所以身体就跟着僵住了，于是内在原本拥有的资源就都被还给了过去，没有好好地保存在这个时刻了。

哎呀，资源都还给过去了，真是可惜了。

我深呼吸，用手温柔地摸摸女儿的背，女儿开始啜泣了起来："爸爸，我都找过了，妈妈也帮我全部都找过了，我以为忘在家里，所以跟老师说星期一会带给老师，可是现在怎么找都找不到，我昨天晚上记得我有把两张考卷放进书包的啊……"

厨房那头，传来夫人的声音："你星期一跟老师说你找不到，然后跟老师要一张新的考卷，然后在学校找时间写完就可以啦！"当母亲的，用心地安慰女儿，也帮忙想着很实际的办法。这总是让我佩服的、个性偏清淡理性的夫人，真的能够在慌乱的时节里，想出可以解决问题、同时又真的可行的好方法。

女儿头低低，双唇紧咬。她困在情绪里，困得牢牢的，牢到连小小的一步都移动不了。

第一部分　爸爸的鬼点子

夫人叫我赶快回来，是有原因的。她知道，这个老公，常常有充满温柔的鬼点子，可以在给出疼爱的同时，又陪着孩子脱困。

孩子的身体僵住了。僵住的身体，不会带来任何流动的可能。这时候，思考断线了、回忆卡死了、内在空间缩小了，原本内在大大的天空，忽然只有泡菜坛里拥挤的、压缩之后剩下的一点点空隙。

所以，我动了起来。

孩子动不了，那么，我先动。

我从客厅走到了睡房，边走边说："黄阿赧，你知道爸爸常常找不到什么吗？"孩子好奇了起来，她很少很少看到爸爸找不到东西，所以，好奇让她抬起了头，望向我这一边。头颈动了，好现象，接下来，要想办法让她整个身体都移动。我继续说："爸爸最常找不到的东西，就是爸爸自己以前写的文章。爸爸常常要把一篇文章找出来放进接下来的新书里，可是我却忘了到底把文章放在网站的哪里，然后不知道为什么，即便输入关键词去找，也总是找不到！"

爸爸的鬼点子
原来心理学家这样带小孩

"真的喔?"

"真的喔?"

客厅的女儿和厨房里切着菜的夫人,同时地,不约而同地这样问。

呵呵,太好了!"真的喔?"是上扬的语气,孩子的能量已经从无力、拖垮,小小移动到一点点上扬喽,太好了。

"真的啊!而且呀,你知道吗?今天早上妈妈要我帮她找她的手机,你知道我找了10分钟,在哪里找到的吗?你们两个都过来,我指给你们两个看!"在短短的半分钟时间里,我说了两个找不到东西的真实经验 心法1 ,先帮孩子的内在挫折打底。

女儿和夫人一个从厨房,一个从客厅,纷纷好奇地走了过来。我指着睡房床角的棉被,说:"我在这个棉被下面找到的,妈妈的手机好像是被藏好的一样,超难找的,后来被我找到了。"当然,找到妈妈的手机这个理由,没有特别的含义,重要的是:不知不觉间,我让女儿整个身体,从原本杵在客厅那里,移动到了10米以外的距离! 心法2

第一部分　爸爸的鬼点子

心法 1

之所以会选择在找东西的一开始,先讲两个大人找不到东西的真实故事,是因为在孩子心里,爸爸妈妈常常是很大的。当孩子听到了这样的故事,孩子的心里想到,像爸爸妈妈这样很大的人都会找不到想找的东西,那就很可能让孩子可以不那么全然地待在沮丧里。一旦没有那么难受,内在资源就有机会呼噜呼噜动起来。常常,在解决问题之前,先打个情绪的底,分享一些自己类似的经验,挺管用的!

心法 2

之所以会如此强调身体的移动,是因为不管大人还是小孩,当一个人被困住了、卡住了、塞住了、挤住了,第一个反应就是僵住、动弹不得,而这样的僵住,就像忽然速冻的冰库,让接下来的自然流动没有机会发生。那怎么办呢?想办法,想办法让僵住的身体先动,身体一旦动了,动能启动了,接下来,心,就有机会动起来了。

很可能是身体的移动,带动了女儿心意的流转,从客厅走过来站在床边的她,忽然提供了一个新信息:"爸爸,我昨天下午有拿三四张纸给玟合姐姐回收,不知道那几张纸里面有没有考卷。可是,我记得我晚上有把考卷收进书包里,所以不会在玟合姐姐那里。"玟合姐姐是来家里帮忙的年轻小姐姐,此刻也正在书房整理着文件档案。

这个新信息,很有意思的!值得我们停留一下,拆开来,分前后两段来看。

前半段→"*爸爸,我昨天下午有拿三四张纸给玟合姐姐回收,不知道那几张纸里面有没有考卷。*"

这里用的句法开头是"爸爸",直接叫我,意思是要跟爸爸说一件可能重要的事;然后,这一句话里的动词用的是"有拿"。"有拿"喔,不是"好像有拿"喔!这个信息之所以重要,是因为这个信息的提供时机,正好是在困住的身体终于移动之后的第一个时刻说出的话语。

在心理治疗的世界逾 20 年的岁月,在陪伴辛苦主角的生命经验里,我非常清楚地知道,主角一旦有了珍贵的身体移动,即使只是小小的移动,在那个移动的时刻说出来的话语,都绝对不是废话,而是珍贵的故事线索。

后半段→"可是,我记得我晚上有把考卷收进书包里,所以不会在玟合姐姐那里。"

哎呀,后面这一段话把前一句的线索全部在瞬间给锁死了。其实,不然。

如果我们细细地听,就会听见语法的差别。这一段的描述词是"我记得我晚上有把……",注意看这里的关键细节——不是"我有",而是"我记得我有"喔!亲爱的潜意识、直觉啊,总是这么轻轻巧巧地,偷偷地又充满光亮地,给了我们新线索。

"我记得我晚上有把考卷收进书包里"这个信息,跟我一进门时女儿说的"我昨天晚上记得有把两张考卷放进书包的啊……"是同一个信息。而且,用的语法是不确定描述词,因为都是"我记得我有"。既然第二天早上到了学校,小小的书包里找不到考卷,那么,晚上有把考卷收进书包里的这个"记得",看来,是无效的信息。既然几乎确定这是无效的信息，那么，后半段就没有办法锁死前半段的重要信息了。

想到这里，我开始兴奋起来了。

"黄阿赧，你拿一张很像的考卷给爸爸。"

女儿从书包里拿出一张前两天的考卷，说："嗯，爸爸，是像这样的，可是找不到的那张考卷，这里是写第32页，而且有写我的名字在上面，我有写名字。"

我拿着这张很像的考卷，走向远远的另一个角落里，正在处理文件档案的玟合姐姐那里，女儿跟在爸爸的身旁也一起走过去。我一边给玟合姐姐看我手上拿着的这张很像的考卷，一边说："玟合，黄阿赧昨天下午拿给你的那三四张请你回收的纸，你有没有看到很像这一张考卷的？"

玟合姐姐弯腰，从堆满回收纸的纸箱里，准确地拿起了那张编号32的考卷。

"啊！！！"女儿大声叫了出来。

这个声音，说得很清楚，就是这一张！找到了！

哈哈哈哈哈！

厨房的夫人赶过来,像是欣赏奇观似的,看着笑呵呵的爸爸,看着肩膀瞬间松了下来的女儿。

因为身体移动了,孩子提供了新的信息;也因为爸爸听懂了孩子提供信息里不同语法所传达的意思,这张编号32号的数学卷子被找到了,而僵住了的女儿,瞬间复活了。

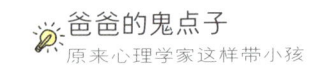

大便成功幸运转盘

——玩个游戏，让孩子便便顺畅

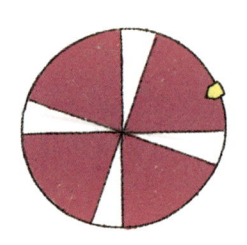

那是一个很平常的傍晚，我看看时钟，6：20，我在出门打网球前，听到妈妈和女儿们的对话：

"黄毛毛，你几天没有大便了？""两天。"

"黄阿叔，你几天没有大便了？""三天。"

两个忙着玩耍的孩子，被妈妈叫到餐桌旁，喝一种紫色的果汁各50毫升。我猜，那是要呼唤大便出来的果汁。正要出门的我，决定也来出点力、帮点忙，于是我快速地忙了一阵，6：33出门，开车赴运动约。

晚上9：15，我打完网球回到了家，一打开家里的门，竟然两个小孩同时冲过来，大声地说：

"爸爸，我有大便！"

"爸爸，我也有大便！"

第一部分 爸爸的鬼点子

哎呀！怎么发生的呢？

傍晚出门打网球前，那"6：20"到"6：32"的关键12分钟里，到底这个满脑子鬼点子的爸爸，做了什么？

短短的12分钟里，我徒手创作了一个大便成功幸运转盘！因为时间短短，我从厨房的资源回收区，找出学生送的鹿港百年老店凤眼糕的纸盒，用剪刀，快速剪成"类似圆形"，中间还挖了一个洞。不是没事爱挖洞，是因为只要是转盘类的创作，都要有转动的支点呀！

然后，把这张硬纸板翻过来，在白色的背面，用彩色笔快速地画上鲜艳紫红色中奖区。本来画很窄，后来在6：29时，爸爸一试用，就出现这样的担心："哎呀，如果小小的小女儿，连玩10次都没有中奖，那这个转盘就一点都不幸运了，就要换名字叫作哭哭转盘。"

所以，我就大笔快速一挥，把幸运中奖紫红色区变得很大！

接下来，很快速地找到一个装CD的塑料壳，刚好中间有一个转盘支点。哈哈，太棒了吧！

又找来一个家里到处都有的方向便利贴（红色半透明的粘贴），那是我们家里常常用来玩的一种游戏，叫作"宝物在这里，请遵循指示方向前进，即可发现"。

哈哈，成形了！

真的会转，转到白色，就是没有中奖；转到幸运紫红色，就会有惊喜小点心！

于是，晚上6：32，当我出门打球前，我拿出这个刚做好的可爱小玩具，大声地宣布："小朋友！这个是爸爸做的大便成功幸运转盘！你们两个，只要有大便的，就可以玩喔！转到紫红色的幸运小朋友，就会有惊喜小点心喔！"

"爸爸，那要是我没有大便怎么办？"（这太好了，我就是等这一句！ 心法1 ）

"爸爸跟你们说，可能7：00，也可能7：30，有一点点想大便，或者想尿尿，然后，就去马桶那里坐一下，哎呀，一不小心，大便就会像水饺跳水一样，扑通扑通跳下水……"一说完，我就开门出去了 心法2 。

时间，就这样美丽地运转，从傍晚6点多，到晚上9

第一部分　爸爸的鬼点子

> **心法 1**

之所以我会说："这太好了，我就是等这一句！"是因为当女儿说出这句"爸爸，那要是我没有大便怎么办？"的时候，烦恼没有大便的那个烦恼的主人翁，瞬间忽然从妈妈转变成女儿自己。本来，是母亲认真烦恼着，而此刻，因为大便成功幸运转盘的到来，忽然之间，小女孩自动地关注起了自己的大便成功与否！这个关注的主人翁的转移，是这个鬼点子的真心盼望。一旦小女孩关注起了今晚有没有大便这一回事，下一句暗示词（"爸爸跟你们说，可能7：00，也可能7：30，有一点点想大便，或者想尿尿，然后，就去马桶那里坐一下，哎呀，一不小心，大便就会像水饺跳水一样，扑通扑通跳下水。"），就有了滑进心里头的机会了。

> **心法 2**

之所以我会一说完就开门出去了，是暗示的一种经典做法——忽然说了一句话，然后转身就走，留下听者进入一种："什么？怎么突然就说完了，他刚刚是说了什么？哦，7：00、可能7：30……"这样的一句忽然给出的、不太寻常的话语，常常会给听者一份自然的余音绕梁感，把刚刚那句话咀嚼、感受，然后，如果暗示词的内容符合听者的内在需求或渴望，这样的健康暗示词发生功效的可能性就会大为提升。

点多，孩子原本从不愿意想大便这回事，移动成："如果我没有大便，那就太可惜了。"这样的内在移动，带动了心念的力量。期待玩新奇可爱小游戏的心，似乎是孩子心里头超大的动力呢！

妈妈准备的紫色果汁，晚餐的青菜纤维，都很有可能让孩子的便便顺利，身心通畅。而当两个孩子兴奋地跟爸爸报喜"爸爸，我有大便！"的那个时刻，可爱新奇的鬼点子，也悄悄地实现了当爸爸的一份心愿，愿孩子快快乐乐地长大。

第一部分 爸爸的鬼点子

创造期待的神奇隐喻

——"牛奶巧克力日"

前面几个鬼点子,偏好笑,偏好玩,用到一点点生活小创意。而接下来这个牛奶巧克力的故事,偏温馨,偏可爱,而且,当爸爸妈妈的,看了之后,会发现,很容易用出来喔!

年轻的时候谈恋爱,会有一个不小的烦恼,就是一起吃饭时要吃什么?夫人祖籍山西,爱吃面食,而我是台湾乡下孩子,特别爱吃刚煮好的米饭,哎呀,这么一来,一起吃饭时很难找到米饭好吃、面也好吃的店家。

还记得年轻时的我,发明了一个挺可爱的名词,叫作"小花豹日""小花猫日",小花豹是我,小花猫是她,于是我们轮流,轮到小花猫日,就都听夫人的,陪她吃她爱吃的面食;轮到小花豹日,就听我的,吃路边摊香喷喷的卤肉饭或烤肉饭,是我最开心的选择。于是,因为有了一个很好的名字——"今天是小花豹日""明天是小花猫日"——忽然之间,轮流给爱竟然流畅了起来。

结了婚,生了两个小可爱,日子里,多了好多精彩,也多了好多分担。前几天,夫人说:"看朋友在社交媒体上都去周年庆了,我也好想星期四去逛百货公司的周年庆喔。"我预估了一下自己的力气,星期三我负责照顾女儿,星期四,我还有力气继续一天吗?估量了一下自己后,我心里做了一个决定,多撑开一点,多照顾女儿一些,让夫人可以享受难得的购物快乐。

可是,7岁了依然极其眷恋妈妈的大女儿,如果一听到中午在学校围墙家长等候区那里,连着两天都会是爸爸来接她,很可能第一时间就会哇哇叫,说:"我要妈妈!"所以,我做了决定要多撑开一点照顾女儿以后,就开始想起了办法。

于是,星期三的中午,在围墙边,我接了女儿下课,换衣服、写作业、睡午觉,女儿安心地在"星期三爸爸日"

第一部分　爸爸的鬼点子

的稳定流程里顺畅地和爸爸相处着。下午,睡午觉睡得饱饱的女儿醒来,睁开她美丽的眼睛,看着她身旁正在笔记本电脑上写着书的爸爸。

我温柔地看着她因为睡眠充足而出现的小女孩满足眼神 心法,开口这么说:

"黄阿赧,爸爸跟你说喔,明天会是'牛奶巧克力日'喔!"

从小能吃又爱吃的小妹妹,瞬间睁大了好奇的眼睛:"什么牛奶巧克力日?"

呵呵,我继续往下说:

"爸爸跟你说喔,爸爸是牛奶,妈妈是巧克力(划线部分语调上扬),明天中午啊,爸爸会去学校接你喔,然后我们一起吃饭、睡午觉,然后,下午三四点你醒过来的时候,

> **心法**
>
> 这个时间点很关键,因为是刚睡饱又自然醒来的时刻,这时候小朋友的能量状态最充沛,内在资源最流动。因为状态好,所以有足够的好状态可以接下即将来到的新变化。

妈妈就会回来，在你身边喔。爸爸先照顾你，是牛奶，然后换妈妈照顾你，是巧克力，所以，明天是牛奶巧克力日喔！"

"哇！先爸爸，然后妈妈，先牛奶，然后是巧克力，牛奶巧克力日耶！"

星期三的傍晚，妈妈从高雄外公那里回到了台中的家，一开门，女儿已经迫不及待地跟妈妈说："妈妈，爸爸说，明天是牛奶巧克力日耶，是先爸爸，然后妈妈，爸爸是牛奶，妈妈是巧克力！"哈哈，夫人一听，就知道老公准备撑起自己，多照顾女儿一些，让她可以去"购物治疗"了。

夫人笑得很开心，温柔地跟女儿说："这么好喔，明天是牛奶巧克力日耶，那明天早上，妈妈准备真的牛奶巧克力给你喝，好吗？"呵呵，真是太有意思了。

专注又稳定地当平凡的牛奶

星期四到来的时候，我在小学围墙边。我身边散布着不少专心低头滑手机的安亲班老师或家长，而我，一如往

第一部分　爸爸的鬼点子

常,专注的眼神直直地朝向校门口,等待女儿出现的第一个身影,以及她眼睛看见爸爸时,会绽放的第一个微笑。

我很尊敬的催眠大师米尔顿·艾瑞克森曾经这么说:"当你真的期盼,你的眼睛整个闪着想听故事的光芒,那么,眼前的人就会说出好故事来。"我猜,当我真心等待,当我整个人都在迎接,当我的眼睛闪着光芒往前望,孩子被迎接了,被等待了,这时候,生命绽放的美丽是会发生的。

常常,远远的校门口那里,出现绑着小马尾的女儿的身影,我第一时间,就会在围墙边跳起来,兴奋地挥手!然后再跳起来,再高兴地挥手!哈哈,很像年轻人看到偶像、热爱哺乳类动物的夫人看到鲸鱼海豚会有的举动……而女儿,一和爸爸远远地接触到眼神,瞬间绽放的笑容,跟她1岁、2岁、3岁时,刚睡醒看到爸爸时,一样的纯粹、一样的美丽。

在大女儿的心里,妈妈是她最甜美的巧克力;爸爸,不是她最无法割舍的巧克力,爸爸是稳定爱她的牛奶,温热而营养,是喝了会饱的那种营养品。既然不是巧克力,就不是巧克力，于是不在角落里黯然神伤，然后，深呼吸之后，好好地当稳定温暖的牛奶。这就是为什么，我会在小学围墙边，用每一回热情凝视又完整包覆的迎接，来稳定地当女儿心里的牛奶。

接到了女儿，我转头和她的同学们聊天，然后，牵着手过斑马线，听她唧唧呱呱，说着：

"爸爸，我跟你说喔，我们今天上体育课，从脚底下传球给下一个，然后一直传，最后一个拿到球，就要跑到最前面。"

"喔，那很刺激耶，像是一种比赛，跑来跑去的，是吗？"

"对呀！我们还要跑操场一圈。"

"喔，一圈很多呢！会不会跑一跑就腿酸了？"

"会呀，我们跑半圈就累了，就都用走的，哈哈。"

当温热的牛奶，一天一天地，懂孩子再多一点。会不会，青少年狂飙期来临前，可以累积不少对孩子独特的懂，因而有机会陪伴那些不好陪伴的生命多那么一点点。

隐喻（metaphor）真的挺好用，简单地说，隐喻就是给出一个带着创意的名字。女儿喜欢吃，我就常用食物名称来当作隐喻，牛奶巧克力，就是这样的脉络下冒出来的小创意。

隐喻除了拿来让照顾孩子的流程顺畅一些外，还有一个神奇的功能，是帮助孩子学习，像是女儿小学一年级的数学题，任何难的题目，只要把题目里头的名词（像是车子、人、屋子）换成食物（像是饼干、棉花糖），她就能瞬间算出正确答案来。哈哈，既然这样，我就使用她喜爱的食物，用来象征有点挑战的照顾与安排。

很有可能，因为爸爸给了一个好听又真实的隐喻名字，让眷恋妈妈的小妹妹，对明天的牛奶巧克力日充满了期待；而用心想出了一个好听又带着祝福的隐喻名字，是我可以给孩子的小礼物。

在生活里，寻找孩子关注的种种，比如喜爱的东西、有感觉的动物，就有机会为孩子在重要的时刻、有挑战且不容易的时刻，创造带着祝福又充满期待的隐喻名字。于是，陪孩子长大的日子里，多一点点好玩，多一点点亲近。

"来，爸爸帮你冲水！"
——放学后的变身仪式让作息得以顺畅

星期三，是夫人去高雄探望岳父的日子，这一天，我固定早上带小女儿去幼儿园，然后中午去接大女儿小学下课。星期三这一天，是大女儿会期待的"爸爸日"。

星期二晚上睡前，大女儿依偎在我的胸前，轻声地问我："爸爸，明天是爸爸日吗？"我温柔地说："对呀——"她接着说："每次爸爸日，我都会睡午觉睡得好熟好熟……好特别喔，平常都睡不着，爸爸照顾我，我都睡得好熟好熟。"

呵呵，好好听的话语喔！真的是这样。这个小家伙不知道的是，爸爸为了自己要好好睡午觉，用了多少暗示，才让这个无时无刻都动来动去的小学一年级同学，安分又安稳地睡个甜甜的午觉！

第一部分　爸爸的鬼点子

当爸爸的几年岁月，我有了一个理解——

所有小朋友的美丽好习惯的养成，都是一开头很不容易，而后头要很有毅力很有纪律，然后才得以创建的。

是我，争取一星期里要有一天，由我独自照顾大女儿的。因为知道和孩子的连结一旦失去了，要连回来，会很不容易，同时，也感谢老天爷，给了我珍贵的弹性时间，让我得以这样选择。孩子一上小学，我知道那些排山倒海的小学社群的影响、老师和同学的价值观、学校的规定、同学的各式各样，都一定会灌入我女儿的身体、心里。

我能做的，是不放弃与我的女儿拥有独一无二的连结。这个爸爸和女儿的连结，是高山上保暖的营火，如果可以，期许柴火源源、氧气不绝。

还记得小学一年级开学前，女儿刚有了新书包、新体育服，就是那时，我开始了陪伴女儿的爸爸日。星期三的中午，小学围墙边，标示着一年4班的家长等候区，我总是蹲在墙边，看着穿着托管班背心的老师拿着旗子等待着放学。围墙边的树下，有一个现烤鸡蛋糕的担子，烤鸡蛋糕的壮硕阿伯，是我打网球的球友，我们都用闽南语的鸡蛋糕谐音，叫他"鸡卵哥"。

等待女儿走出校门之前，我总是跟鸡卵哥闲聊着，聊着在球场上和他拼斗的画面，六十几岁还老当益壮的鸡卵哥，总是笑得很开心。等到12：08，女儿从校门口冲过来抱我时，我全心全意地迎接她，同时，我会拿10元，让小妹妹去买鸡蛋糕。鸡卵哥阿伯，会给她四个（平常都是三个10元），小妹妹就会开心地说："阿伯多给我一个耶！"

所以啊，我知道，如果我哪一天，因为路上耽搁了，没能在12：05赶到围墙边，女儿的眼光，可以停留在鸡卵哥阿伯烤着鸡蛋糕的熟悉背影上，而不至于太慌乱。

沐浴更衣，自然地脱去洗去上一个角色

接到女儿回到家里之后的第一件事，就是让她冲冲澡，然后换家里的衣服。这是一个我自己行之多年的仪式行为：沐浴更衣（不知道我有没有记错，是孔子还是孔子的弟子好像也很爱这一味）。

第一部分　爸爸的鬼点子

对我来说，冲水然后换衣服，透过水流的天然负离子，洗去上一个角色与环境的能量附着，让我们可以自然地从一个地方离开，从一个角色离开。其实，在我们的文化里，有不少跟这样相关的好仪式，像是吃猪脚面线、焚香等都是。水，是最方便可以取得的好材料，可以调节人的气场与能量场。冲冲水、泡泡澡，常常可以很快速地带来好状态。

于是，拿着莲蓬头帮女儿冲水的我，顺口说着："好棒喔！冲一冲水，好舒服，等一下换个衣服，就完完整整地开始爸爸日了。" 心法1 沐浴宽衣，冲冲舒服的热水，换上家里自己喜欢的衣服，真的女儿，而不是小学一年级的学生，完整的女儿，就有机会来到我的身边，切换到新的角色，新的关系，新的心情 心法2 。

心法1

这里顺口说着："好棒喔！冲一冲水，好舒服，等一下换件衣服，就完完整整地开始爸爸日了。"是很简单易学的暗示语法。一边冲着温温的、舒服的水，一边鼓励孩子离开上一个角色，完整地进入和爸爸的同在里。

冲完澡，换好舒服的衣服，女儿会开始写作业，然后吃午餐，接着，就到了关键的睡午觉时间。记得两个月前，女儿和爸爸互动模式刚开始要建造时，我们的对话是这样的——

"爸爸，我不要睡午觉！"

"爸爸，我睡不着。"

"爸爸，妈妈照顾我的时候，我都不用睡午觉。"

"爸爸，我不想睡。"

心法 2

这个短短的沐浴更衣仪式，让孩子自动地、流动地、自然地，回到爸爸的女儿的角色。于是，学校的规定、因为集体生活而不得不有的压抑与服从，可以留在刚刚脱下的校服上，把气味，连同感受和心情，都真的脱去。因为得以切换，因为得以脱去，我们有机会拥有自由流动的可能。如果没有切换，没有脱去，我们就带着上一个运作模式、上一个角色责任、上一个应该的服从、上一个不能这样不能那样，带着这么多的"上一个"在这个时间里活着。带着那么多的"上一个"，有时候会让"这一个"时间，很难好好真的活着，或者会活得好辛苦。怎么办？不难，创造生活小仪式，就可以切换开关。

第一部分　爸爸的鬼点子

这种"不要这个,不要那个"的语言,常常会把充满爱的爸爸或妈妈逼到墙角。哈哈,不巧,这个孩子的爸爸不特别怕这种。我看着小妹妹很想一直玩一直玩不要睡的眼光,然后,我温柔又坚定地说:

"黄阿赧,爸爸跟你说,爸爸照顾你的时候,不知道为什么,你就会睡得好熟好甜好舒服。而且啊,不知道为什么,一下子就睡着了。醒过来的时候,会觉得精神很好,玩起来,特别开心喔!"

女儿听了一长串的话语,愣了一下,继续她的坚持与碎碎念:"可是妈妈照顾我的时候,我都不用睡午觉……我等一下一定睡不着……哼……"

罗马不是一天造成的(对啦,哈克也需要用格言勉励自己),小妹妹可以坚持继续碎碎念,我也可以继续练习我的健康暗示语法。

我把睡房的窗帘拉下,枕头摆好,把睡觉的空间弄得舒舒服服,我自己躺下,摸摸女儿的头发,摸摸女儿的背,继续温柔地说:"爸爸轻轻摸摸你的背,你的手轻轻地抱着爸爸的肚子，不知道为什么，睡着变得好简单，睡得好香好甜变得好舒服……"

10分钟之后……

"*爸爸，我睡不着。*"（一样的语言，但是语气已经不一样了，是想睡了，但睡不着，是想要被抚慰的声音。）

"呵呵，爸爸小时候也会这样，想睡但是睡不着。来，爸爸摸摸你的脖子，摸摸顺顺你的背，一下子，就会睡着喔，而且，爸爸猜，你会睡2个小时，好舒服喔！"

"*爸爸，我想睡1小时就好了。*"

"好呀……"（这孩子，从打死不肯睡，已经进展到要睡1小时了耶！心里可以放鞭炮了！）

"好呀……睡1小时很好，睡2小时也很好，都很好，好棒，可以在这样舒服的中午，好好睡一觉，真是太好了，我们一起睡得好熟好熟……"

两个月来，我们总是下午1:30进房间躺下，到了下午3:30左右，大女儿会睁开眼睛，然后问："爸爸，我有睡着吗？"哈哈，已经早就睡饱了的我开心地说："你看时钟！"

"哇！爸爸！我睡了2小时耶！好特别喔！爸爸照顾我，我就睡得好熟喔！"

哈哈哈，小女孩，从需要20分钟才入睡，在连续4周的操作执行之后，大约只要2分钟，她就已经熟熟地像个小天使似的，好好地睡着了。而我持续使用的健康鼓励暗示语词，似乎慢慢地成为小女孩生活上的语言：

"妈妈，好奇怪喔，爸爸照顾我的时候，我很快就能睡着。"

"妈妈，我每次都说只要睡1小时就好了，可是我不知道为什么，都会睡得好熟好熟，然后睡2小时耶！"

好的暗示语言，就这样，悄悄地成了孩子长大过程里自动化的思考路径。催眠暗示词，其实不怎么难，带着爱，多说一次，然后再来一次，忽然有一天，孩子就收进心里了。

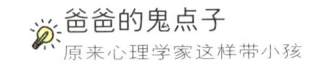

把火药味浓的时刻,翻转成欢乐时光

那是一个跟往常很像的星期二晚上,8:30,浴室与卧房那里,传来很熟悉的夫人的声音:

"黄阿赧,你便当盒洗了没有?"

"还没有,可是我和阿毛玩美眉游戏玩到一半啊!"

"呵,便当盒没洗,还这么理直气壮啊!"我在心里这样嘀咕着,只是,这时候骂小孩有点可惜,所以我没有把这句话说出口。

几乎每天晚上8:30~9:00,都是当妈妈的,要赶孩子去做这个、去做那个的关键半小时。如果要孩子健康地9:00准时上床关灯睡觉,这关键半个小时,常常是家里面火药味最浓的30分钟。

在家事永远做不完的背景条件下,当母亲的,这30分钟要保持平心静气的状态,难度跟爸爸要去带200位大学老师辅导教师职后教育,是差不多一样的。我懂那个难,所以我让自己深深地深呼吸三次,在深呼吸里开始呼唤我的鬼点子到来。原本那个正在整理满地的漂流木而满身大汗的我,走到了浴室与卧房交界的走道那里,蹲下来,很有力气地说:"黄阿赦,黄毛毛,来爸爸这里集合。"

两个女儿,一个7岁、一个5岁,训练有素地跑到我的跟前。

"你,坐这里。"

"你,坐这里。"我下着清晰的指令。

两个女儿很快地坐好,看着爸爸。她们知道,爸爸集合她们,有两种情形。一种是倒霉的,叫"训话";另一种是快乐的,叫"爸爸发明了一个新游戏"。好,今天,是复合式的。

我开口说:"你们知不知道,晚上8:30~9:00,是你们两个,最容易被妈妈骂的时间?"两个小家伙都点点头。这句话,跟她们的经验完全吻合,无法否认。

"然后,你们明明玩得很开心,又一直被妈妈叫去做这个做那个，就一直被打断，没有办法完整开心地玩，这样是不是很笨蛋？" **心法** 两个小家伙都带着被了解的微笑点点头。这句话，跟她们的经验也完全吻合，无法否认。

"所以，爸爸要教你们一个新方法，让你们等一下8：45~9：00，都可以玩得超开心不用怕被打断。"两个小家伙眼睛瞬间亮起来。游戏，是她们每天活着的渴望，能畅快地玩耍比什么都重要。

"我要你们，帮爸爸一个忙。爸爸很怕妈妈生气的声音，尤其是8：30~9：00，所以，等一下，8：30~8：45的这15分钟，我要你们两个收集一种东西。"两个小家伙

心法

在这里，暂时放下管教的心情和内在语言，是很关键的。爱玩，是孩子的天性；想畅快地玩，是孩子很大的渴望。因此，在这个关键的30分钟，如果可以有些时候，考虑不用严厉的语言让孩子就范，而是深呼吸一下，试试看说出一段话语，一段吻合孩子内在经验的话语，似乎不但不会让我们被孩子牵着走，而且很有可能让孩子因为觉得被了解，而愿意自然地移动到更轻松快乐的互动模式。

第一部分　爸爸的鬼点子

眼睛带着期待很想继续听。

"接下来 15 分钟，我要看看，谁，收集得到'哎呀，好棒喔——'？"

"你们要自己去找找看、想想看，睡觉前如果完成了哪些事情，妈妈就会很开心地跟你说'哎呀，好棒喔——'？"

"开始！"

咚咚咚咚，两个女儿瞬间站起来，眼珠子转呀转的，不到 1 分钟，整个家里的气氛瞬间改变。一阵阵跑步声传来传去——

"妈妈，我把地上的运动服放进洗衣篮了！"

"哎呀，阿毛好棒喔——"

"妈妈，我刷好牙了！"

"哎呀，黄阿赧好棒喔——"

"妈妈，我把枕头套装好了！"

"哈哈哈，哎呀，阿毛好棒喔——"（哇，连枕头套都去装了！）

"妈妈，我把学校通知单放在桌上等你签名了！"

爸爸的鬼点子
原来心理学家这样带小孩

"哎呀,黄阿赧怎么这么棒——"

"妈妈,我把门口那个爸爸乱丢的球鞋收进鞋柜里了!"

"呵呵,哎呀,阿毛好棒喔——"(呵,关你爸爸的球鞋什么事啦!)

"妈妈,我洗好便当盒了!也整理好书包了!"

"哎呀,黄阿赧怎么这么棒——"

8:45,两个小家伙,已经在家里,晃来晃去,找不到任何睡前应该完成的事情了。正在把漂流木整齐按照粗细形状摆好的我,看着可爱的两个女儿,说:

"黄阿赧,黄毛毛,你们两个棒极了,爸爸谢谢你们这么有行动力,把睡前的事情全部都做完了,还照顾到了妈妈,太好了。好,开始快乐地玩美眉游戏吧!"

8:50,这个原本火药味很浓的时刻,忽然因为一个鬼点子,而出现了快乐的时光感。夫人可能感受到了这份安静满足的时光感,从浴室化妆台那里,送给了我一个开心的微笑眼神。

鬼点子，只是想让这个家，冲突、难受少一点点，快乐轻松、好玩温馨多一点点。一回一回，在原本可能卡住、困住的小地方，移动一下原本的身体姿势，然后想一想：

"这个时刻，如果做点或说点什么不一样的，或者，如果有什么样的鬼点子可以出现，那接下来的时光会很有意思呢！"

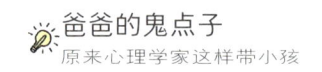

孩子不爱吃你煮的东西怎么办？

——在家点菜篇

当爸爸妈妈的人都有一个烦恼，就是，认真买菜、下厨、煮饭、烧菜之后，孩子如果不爱吃，哎呀，那真是人生灰暗的时刻啊！

我们家夫人做得一手好菜，夫人拿手的菜式偏向西式；而我呢，土生土长的台湾人，爸爸客家人、妈妈闽南人，所以我的台菜挺有特色。夫人顺手的食材，有干酪、通心粉、青菜等；我顺手的呢，有酱油、冰糖、炖汤、烤物……

有一阵子连着几天，夫人用心地下厨，我吃得很开心，可是，5岁的大女儿不知道是不是提早进入青春期了（最好是啦！），这个不吃那个不吃，搞得夫人火气旺旺。我听听风声看到火势不太对，星期六的中午，我决定换我"露一手"，骑着单车去超市买菜，今天爸爸要来下厨做菜了！这天我要煮的汤，平凡无奇，萝卜排骨汤。一边煮，已经听到大女儿从客厅传来的声音：

"爸爸，你在煮排骨汤喔，我不要吃——"这家伙鼻子够灵的！

为了保护自己，不要承受等一下可能的"灰灰的天空独自一人受冷风吹"的被拒绝悲惨下场，我决定发挥心理学家加上咨询师的综合能力，奋力一搏！身为爸爸的我，深呼吸，保持镇定，让自己回到安静的内在中心。

"黄阿赧，拿一张椅子来，爸爸跟你玩一个游戏！"

听到了神奇魔术关键词"玩一个游戏"，大女儿好奇地，从客厅那里拿了一张椅子来。我要她站高高，可以看到爸爸正在锅炉旁边熬着汤。

"黄阿赧，你看看，这里有青椒、红椒、丸子、西红柿、葱，你跟爸爸说，要加什么进去正在煮的排骨汤里？"

"我要加丸子。"

"整颗的还是切小颗？"

"小颗的。"

爸爸的鬼点子
原来心理学家这样带小孩

"好！还有呢？"

"我还要加西红柿！"

"好的。"（女儿每说一样，我就加那样食材进到汤里。）

女儿就这样站在小椅子上，看着爸爸在炉子上，把一锅汤，变得越来越丰富缤纷起来。

"黄阿叔，我们接下来，来玩一个新游戏好不好？"

"好呀！什么游戏？"（小妮子眼睛打开喽！）

"爸爸要你去找一张纸，上面画你今天要吃的东西，像餐厅点菜一样喔！然后你画好了以后，爸爸就会把你点的菜，放在你画的图的正前方给你吃喔！"

"哇！那爸爸，你今天有煮什么？"（小妮子眼睛都亮起来了！）

女儿站在高高的椅子上，看着我轻轻翻搅着排骨汤，让里面的料，一样一样出现在女儿的眼前。然后在餐台上，摆出已经陆续做好的其他食物。而女儿兴致勃勃地拿着彩色笔，画出了她这天中午点的菜。

而夫人，一边忙着扫地、洗衣服、晾衣服什么的，一边兴味盎然地看着这一切正在发生。12：15，我大声宣布："黄阿赧！帮所有人摆碗摆筷子喽，爸爸要上菜喽！"女儿非常积极地摆碗筷，坐好位置，笑笑地、充满期待地等待着。就在她的点菜单前，我拿了一个长条形的盘子，依照她的图画，摆上煮好的食物。这一餐，吃得好开心喔！

怎样可以又好玩又营养均衡？

只要真的亲自照顾过小孩的爸爸妈妈，会有一个疑问在这个时刻自然地冒出来："让孩子点菜，那万一孩子偏食怎么办？"

我一边煮饭，一边也有认真想着这个问题。所以，除了通过让孩子选食材放进汤里，提高孩子的参与，进而让孩子喜欢吃以外，我还偷偷地用了一点点策略呢！

"黄阿赧，爸爸跟你说，你等一下想要加点食材的时候，要画2个、4个或6个，都要是双数喔！"所以，5岁的小家伙，会因为想吃一种她习惯吃的食物，就会加几样其他她比较没那么习惯吃的。等吃完一轮之后，小女孩又

爸爸的鬼点子
原来心理学家这样带小孩

说:"爸爸!我还要吃丸子!"我就说:"那你一次要点两种喔!"

小女孩,很自动地进入这个规则,说:"好!那我还要吃西红柿。"呵呵,就这样,用心也用方法,照顾着逐渐长大也逐渐有自己意见的女儿 心法 。

倒带一下,这个"煮食"加"上菜"的40分钟里,时间顺序是这样的。

心法

点菜,是一件很好玩的事情。去餐厅,如果点到不喜欢的菜,你不会全怪餐厅,因为你会把一半的责任还给自己,跟自己说:"哎,下次要来点别的。"也就是说,一旦进入点菜的状态,我们已经动身,开始要负责这一餐的快乐和满足了。让已经开始有自己意见的女儿,画出想吃的,进入有趣的点菜模式,于是,当菜上到她面前,那个菜,出现在她画的图画的正前方,小妮子除了兴奋,还有一种点菜成功的快感。于是,忙着兴奋,忙着开心,就忘了说那一句让爸爸妈妈泄气的话:"我不要吃这个……"(还会加上让人火气加码的嘟嘴。)

11:35→滚水烫排骨（猪肩排1份＋猪腹排1份），换水之后大火煮滚，中火续煮，加入去皮姜块、葱段，还有哈克熬汤秘密酱汁。

11:45→邀请女儿在高椅子上观看爸爸的"40分钟给你好菜"开演，女儿选择3种食材，加入排骨汤里，颜色多起来喽！

11:55→女儿拿了一面打印过的回收纸，在餐桌上画起了图，开始期待等一下会发生的种种……一边画，还要一边问自己："等一下加点的时候，我要吃2种，还是4种，还是6种？"想到了3种，就只好再想第四种；又想再吃1种，只好又想第六种。于是，原本只说要吃丸子和排骨的女儿，就一步一步的，自动走向食物多样化。

12:10→爸爸要女儿摆餐具，同时跟妈妈介绍她在餐桌上摆好的图画，说明哪一个是什么，然后等一下爸爸就会把食物放在这个画的前面喔。创造期待，真的不是容易的事，同时，也可以就这样好玩起来的！然后5分钟以后，上菜！吃！快乐地吃这一餐。

这天的晚上,睡前小朋友在床上滚来滚去的时光,女儿轻声地跟我说:

"爸爸!下个星期六,我们再来玩一次这个画画点菜,好不好?"

"好呀!亲爱的孩子,当然好呀。爸爸很高兴你喜欢呢。"

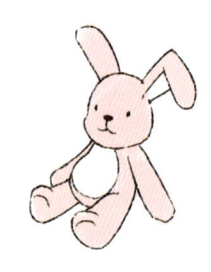

第二部分

Part 2

和孩子的直觉力量连上线

这些鬼点子，是怎么来的？

可能有些朋友读完第一部分之后，会有一份好奇，想问："哈克那些突发奇想的鬼点子，到底是怎么来的？"

鬼点子，有点趣味，有点出乎意料。这些带着趣味感的鬼点子，我相信，都是从我的直觉资源世界那里跳出来的！用我惯用的语言来说，就是从潜意识宝库里跑出来的！只是，潜意识是一个偏抽象的概念，大家都知道如果可以顺畅地提取潜意识直觉资源是一件很美丽的事，只是，要怎么提取呢？要怎么靠近直觉资源，要怎么接近潜意识呢？甚至，要怎么陪伴孩子，让他们从小就生活在一个潜意识直觉土壤丰饶的环境里呢？

在身为潜意识直觉工作者二十几年的岁月里，我一直很想把这些第一手的潜意识资源提取故事写下来！我的第四本书《和潜意识说说话》，说的是从梦境接近潜意识直觉，进而倾听潜意识智慧的提醒或指引。而这本书，在这个章节里，想要好好说一下，在生活里，怎么样可以陪着孩子，一起耕耘潜意识直觉的苗圃。

一家人一起出去玩，常常是种下潜意识绿苗的超棒时机，来看看接下来这些很逗趣的真实故事吧。

"冰冰水游泳池，冬天玩几分钟最快乐？"

大女儿7岁的那个冬天，我们有了一个难得的家庭冬日小旅行，来到礁溪。

冬季的礁溪，冷风下的温度大概只有12度，42度的温泉池，暖暖的白白的烟，飘在水面空中，美丽极了。过了一夜，在礁溪一早醒来，两个正爱玩的女儿，很正常的，似乎看不见温泉池的舒服与安适，唧唧咕咕吵着要玩游泳池。游泳池的水，哎呀，是冰凉凉的。

我想起了前一夜在游泳池畔的画面——12度的低温下，夫人窝在温泉池里，她带着好多的爱与关怀，口口声声地赶着正在冰水游泳池里玩乐的女儿：

"黄毛毛，你赶快进来温泉这里啦！"

"黄阿叔，头发不要下去，头发一下水，失温会很快。"

"你们两个，泡热热温泉的时间要久一点，身体温暖了才去玩游泳池啦！唉，这样妈妈会担心啦——"真是辛苦又努力的母亲啊。

这是昨夜的画面与声音，而昨夜已经是昨夜，今晨，轮到我了。

小女儿爱画画，吵着要去 DIY 手绘口罩；大女儿兴致勃勃地，还是要去寒风中的游泳池。夫人抬头用水汪汪的眼睛看着我，我猜，她的眼神说着的是："亲爱的，我不要去那里，那里很冷，我想陪阿毛，你陪黄阿赧去吹冷风，好吗？"

哈哈，我读懂了夫人的眼神，转头用很兴奋的语气说："黄阿赧，今天，爸爸陪你去游泳池玩个超级痛快，好吗？"女儿笑得好开心呢！大力地点点头。这孩子，从小就知道，跟爸爸玩，总是比原来想象的还要好玩！

女儿瞬间穿好了泳衣，除了她自己的，还帮爸爸拿了泳帽、蛙镜！有读懂大女儿帮爸爸拿泳帽、蛙镜的意思吗？意思很明显的是：我要爸爸陪我下去冰冰水那里。

"只是，嘿嘿，黄阿赧小妹妹，你知道吗？你爸爸可是不会轻易被冰冰水搞到大呼小叫的！"（这一句是无声的，没有说出口也不要说出口的爸爸内心戏。）

我不动声色地，在心里开始拟定一份精彩的暖暖身作战计划。想了1分钟，差不多有谱了，我拉着女儿的手，大步往游泳池畔走去。

"爸爸，我好喜欢冬天玩冰冰水喔！"

"呵呵，黄阿赧，爸爸跟你说，爸爸一想到要跟你一起玩冰冰水游泳池，就好开心喔——"

"喔，爸爸，天气那么冷，你不怕冰冰水喔？"

聊到这里，我们刚好走出户外，瞬间来到了十一二度的空气，真的是冷啊，这跟我设计的桥段正好配合。把握这个冷风袭来的精准时机，我说：

"爸爸跟你说，冰冰水最酷了，尤其是冬天玩，最过瘾，超好玩！爸爸跟你说，我们等一下去游泳池，不要先进温泉池，我们直接就去冰冰水那里，一直玩一直玩，连续玩半小时！这样一定超好玩！"

女儿一下子认知失调，昨天妈妈耳提面命一直叫她们要先泡热的再玩冷水池,怎么眼前的爸爸说要直接去冰冰水那里?小女孩想了几秒钟,睁大眼睛说:"我不要,我要先去泡温泉,让身体热了,才去玩冰冰水那里。"

"喔,那就不刺激了呀,我觉得直接进冷水,超酷的!"

"不要,我要先泡热的。"小女孩笃定了起来。

"呵呵,好呀,那爸爸就陪你,先泡一下热呼呼的,可是不要泡太久喔,我一下子就要去冰冰水那里了。"

小妹妹歪着头想了一下:"我要泡到暖暖的,才要下冰冰水那里。"

哈哈哈哈,好啊。

到了游泳池畔的温泉池,小妹妹和我,一起舒服地泡在暖呼呼的热水池里,舒服到都想闭上眼睛了呢!3分钟后,小女孩蠢蠢欲动了,她的身体准备要翻身进到冰冰水游泳池了,浮板也准备在一旁了,关键的时刻又来了!

"黄阿赧,爸爸问你喔,你觉得啊,到冰冰水几分钟,再回来热热水几分钟,你会最快乐?"(这里,已经偷偷暗示,要有快乐,是要交替的。)

第二部分　和孩子的直觉力量连上线

女儿在热水里，想了想说：

"冰冰水 10 分钟，然后回来热热水 1 分钟。"

"这样喔，你确定喔？那等一下爸爸帮你设闹钟算时间，10 分钟以后，才可以回来爸爸热热水这里喔，10 分钟没有到，你就要在冰冰水那里一直玩一直玩，玩得超快乐的！知道吗？好，准备好就去冰冰水那里 10 分钟喔！"

"等一下，爸爸，等一下！"（你爸爸就在等你这一句"等一下"。 心法1 ）

💡 心法 1

之所以会说"我就在等你这一句'等一下'"，是因为当女儿自己说出"等一下"的时候，那个昨夜被耳提面命，要泡暖暖才能去冰水游泳池玩的小女孩，忽然之间，成为了自己的主人；她不知不觉中，把照顾者的考量放进了她自己的考量系统中。她的心里可能是这样自问自答的："我昨天晚上在游泳池里大概多久会因为太冷而不舒服？有 10 分钟这么久吗？好像，不到 10 分钟哦，那怎么办？爸爸说 10 分钟要计时，时间到了才可以去温泉那里。嗯，嗯，好，那我要改，改短一点，不然我会太冷，太冷不会快乐的。"

"喔，怎么了？"其实我已经快要笑出来了，但是依然很认真地继续。

"等一下，我要改一下，我要去冰冰水那里5分钟，然后回来热热水这里5分钟。"女儿挺有自信地这样说。

"喔！这样喔，好呀！那如果你5分钟之内就很冷很冷很想回来热热水这里，就要对空中大声地说：'唉呦喂呀，拜托拜托，我要回热水了！'然后就可以回来了。"一说完，我就接着跟女儿说："爸爸要去下面那里泡热热的原汤喔，你自己开始玩吧，祝你玩得快乐喔！"

然后，上面这句话一说完，我就准备要离开女儿的视线范围了。扑通一声，女儿下冰冰水了。我也往邻近那一区走去，真的让女儿看不到我。

离开女儿的视线范围，是想让管教的视觉框框退位；而待在附近，是要同时保有关心疼爱的氛围。这样一来，创造一个机会让女儿的内在力量可以自己出现，自己掌管自己的行为和流程。于是，女儿，真的拥有大大的空间，在天地之间，同时，也拥有着支持。

第二部分　和孩子的直觉力量连上线

　　3分钟不到，我听到空中传来"唉呦喂呀，拜托拜托，我要回热水了！"的声音。我笑笑的，走上去，看到女儿，已经舒服地在热热水那里踢着脚了。我进到暖暖水里，在水里抱着女儿："呵呵，你跑回来热热水这里啦！"

　　"对啊，我有说拜托拜托，呵呵。"

　　"黄阿赧，我们来一起问问你的聪明小精灵 **心法 2**：'今天啊，这个时候啊，在这里啊，不知道，进冰冰水几分钟，然后回来热热水几分钟，最最最会快乐？'"

　　小女孩顺畅地闭上眼睛，美丽的眼皮眨呀眨，30秒后，她睁开眼睛："爸爸，聪明小精灵说：'冰冰水2分钟，热热水3分钟。'嗯嗯，这样很舒服。"

　　"呵呵，好呀，真是聪明的聪明小精灵！"我微笑着这样鼓励着。

心法 2

　　聪明小精灵，是女儿询问自己的内在直觉信息时的辅助小帮手。聪明小精灵的诞生故事，在下一篇故事里有清楚的呈现。

接下来,我的管教任务、保护任务,几乎完全卸下,整个交给了女儿的聪明小精灵接管。这个冷冽的早晨,我们两人,都暖乎乎,又快快乐乐!

爸爸的鬼点子,真是妙呀!

第二部分　和孩子的直觉力量连上线

如何唤醒孩子心中的聪明小精灵？

大女儿，这个几年前还在地上爬的小宝宝，已经是个亭亭玉立的小女孩了。我的第三本书（和锦敦一起写的那本）《陪一颗心长大》，里面听说有一个故事是不少朋友津津乐道的，那个故事叫作《跟小精灵说说话：今天可以吃几根薯条？》。

那是与大女儿5岁多时发生的对话，那个故事的简短版是这样的。

那一天，我和女儿一起吃午餐，在家附近的小餐厅点了一套简餐，简餐赠了一小盘薯条，小朋友看到薯条，基本上是没有抗拒能力的，我想，好，太好了，来试试看我们家的小孩，心里有没有住着小精灵！

女儿的眼睛直直地望着薯条，我呼唤着她："黄阿报，你很想吃薯条喔！"女儿开心地笑着点头。我继续说："等一下，你闭上眼睛，然后问问你心里的小精灵，问问你心里的爱吃小精灵，今天想吃几根薯条，然后接下来问问你心里的健康小精灵，今天吃几根薯条会很好？"

当爸爸的，忐忑又好奇地看着女儿。小女孩轻轻地闭上了美丽无比的双眼，眼皮眨呀眨，眼球也转呀转，头还微微偏一边，然后出现一抹微笑，睁开了眼睛，她说："爱吃小精灵，今天想吃8根薯条；健康小精灵，今天想吃6根薯条。"哈哈哈！太酷了吧！这家伙，真的可以问小精灵耶！我开心的拿了7根薯条，放到她的盘子上，她数了数，微笑着说："7根耶，好棒喔！"

就在神奇的7根薯条出现的那个晚上，我去打网球，夜里回到家洗好澡时，孩子都熟睡了，夫人轻声地和我说："今天女儿吃晚餐时跟我说，你问她小精灵的时候，她闭上眼睛，好像真的有一只小精灵在跟她说话呢！"呵呵，这样喔！真好真好。就这样，这个孩子，跟自己的潜意识，有了第一回合的亲近接触。好棒！好棒！亲爱的女儿，爸爸听到你这样说，真为你开心呢！

第二部分　和孩子的直觉力量连上线

☞ "聪明小精灵"带来的神奇力量

一转眼两年过去了，女儿的健康小精灵和爱吃小精灵，持续地陪伴着她度过幼儿园大班和小学一年级，这个冬天来到了小学二年级。

不知道从什么时候开始，女儿的心里，开始拥有属于她自己的直觉通道！我猜，可能是因为每天早晨，她总是看着爸爸闭上眼睛，问："生命的这个时刻，我最想创造的是……"一天一天，小女孩看着爸爸跟潜意识直觉沟通、说话、祈求，看多了，很可能，她跟自己的直觉说话，也成了她的一部分了。

女儿常常问我："爸爸，现在几点？"我几乎是不看时钟的，我会闭上眼睛，然后睁开眼睛，然后说："7：25。"

"爸爸，你不看时钟，怎么知道时间？"

"我啊，心里有一个时间小精灵，会跟爸爸说现在几点！"

"真的喔？"小女孩惊讶地问。

"对呀，不然你去看时钟，看看爸爸的时间小精灵准不准。"

"好——哇,真的耶,爸爸的时间小精灵好厉害!"

(20年的潜意识工作之后,我的时间小精灵,误差值通常介于3分钟到6分钟。)

大概是这样类似的对话一天一天发生,女儿,也自然内化了跟身体沟通、跟潜意识直觉说话的习惯了。所以,有一天的中午,发生了一件神奇的事情。

那天,是跨年的日子,中午时分。7岁的小女孩,不知道什么时候动了念头,说她想要训练自己的独立,所以,我和夫人,已经好几次被她叫离房间,因为她说她要自己练习睡午觉。

前一天晚上,因为网球社团的年度会长交接聚餐,我回到家时女儿已经睡了。我想念女儿,所以这天跨年的中午,我央求女儿:"黄阿赧,你今天让爸爸抱着你睡好不好?"小女孩眼珠子转呀转的,头斜斜地想了一下,说:"好呀!"

呵呵，当爸爸的我怀念女儿小小的在怀里的温存，还好依然有一些机会可以享受。我抱着女儿，凝视着她；而女儿，也正凝视着爸爸呢！

躺在床上，我自言自语地跟自己的潜意识说话："我今天要3：50起来，这样我就可以4：30去剪头发。"

女儿听了爸爸这么说，也跟着说：

"喔！那我要来跟我的聪明小精灵说，我也要3：50起来，这样我就可以开始写作业，然后4：15写完，然后4：30可以出门去上律动课。"

我："喔，你有一只聪明小精灵喔！"

女儿："对呀。聪明小精灵会叫我起床。"

我："哇哇哇！好棒喔！"

然后，父女两人，都很快就睡熟了。这个孩子熟睡之后，常常很难唤醒，所以夫人常常为了叫女儿起床而苦恼，因为女儿常常都会起不来，像一块湿抹布一样，摊在地板上，很难拉起来……

下午3：48，我心里的潜意识闹钟把我叫醒了。苏醒的我睁开眼睛，转过头去，准备好好观看、目睹、亲眼看看女儿"聪明小精灵的运作奇观"。

3：50，没有动静。

3：51，没有动静。

3：52，出现第一个信号，右脚的脚趾头抽动了一下。

3：53，左手伸出，抓了她左耳旁边的头发。

3：54，右边的屁股紧了一下。

3：55，眼睛用力眨了两下，忽然睁开，然后，像一只毛毛虫一样蠕动了！然后，整个身体移动到床边，站起来，走到书桌旁，右手打开台灯。

3：56，小女孩已经开始写起数学作业题了。

叹为观止！

好看极了。

我一句话都没有说，在床上倚着枕头，像是看动物奇观一样，赞叹着女儿的聪明小精灵 心法1。

跨年的这个夜里，孩子小，我们没有跟大家一起去热闹跨年，我们选择去便利商店买了第二件可以抽奖打折的

第二部分 和孩子的直觉力量连上线

零食。跨年嘛,让孩子开心一下。我们全家在客厅,一起看朋友送我的《舌尖上的中国》,我们全家都爱吃,所以这是我们共同爱好的纪录片。

吃着零食,我问女儿:"黄阿赧,爸爸今天中午看着你,就这样自己动动动,然后就爬起来写功课了耶,你的聪明小精灵是怎么做到的啊?"女儿一边吃着虾味鲜,喀吱喀吱地,说:"我也不知道耶,好像就直接起来了,好像不用想,就可以直接起床写功课,我也觉得好神奇喔!"

呵呵,亲爱的孩子,但愿,这样的神奇,一直陪伴你。

心法 1

潜意识直觉运作,和我们平常熟悉的意识思考运作,很不一样。意识思考运作,重视的是逻辑顺序,靠的是执行力和决心;而潜意识直觉的运作,像是一个很纯粹的心愿,带来很自然顺畅的直接发生,所以女儿这次像动物奇观似的起床,不是经过平常那种"预定闹钟、关闹钟、不想起床、想赖床、不小心又多睡了1小时……"的流程,而是不知道为什么,就自然地醒来了,就走过去打开台灯,开始写作业了!这种自动顺畅的运作,是潜意识资源自动化之后,很常有的精彩发生。

祈愿着，如此与潜意识合作的好基础，成为你人生快乐丰足的活水源头。

又隔一天，是元旦假期的第二天，在从老家开车回台中的路上，我好奇地问女儿："黄阿赧，你什么时候开始，心里住着这只聪明小精灵的啊？"

小妹妹想呀想，说："嗯嗯，就是那个——上学期，我好几次跟你一起睡午觉的时候，然后我就跟你说：'爸爸，好好玩喔，我跟自己说今天中午要睡2小时，然后就真的刚刚好的2小时准时醒过来呢！'然后，爸爸你一听，就笑笑地跟我说：'啊！那一定是你的心里住了一只聪明小精灵！'是这样来的啦！"

哈哈哈，原来是这样来的。一直以来，忘性很大的我，说过的话，有九成左右，会以为没有说过，或者认为那不是我说的。

原来，是这样来的啊！聪明小精灵，不是我创造的。聪明小精灵，是在女儿自己体会了跟直觉说话的神奇和准确之后，我恰好忍不住全然地赞叹时，让这样的直觉管道

第二部分　和孩子的直觉力量连上线

有了一个可爱的名字——"聪明小精灵" 心法2 。

👉 "健康小精灵"的威力竟然如此强大

这样的故事，让我又想起有一天，女儿在餐厅里吃着餐后香草冰淇淋。看她兴奋地吃着，前一刻我心里还想着："哎呀，冰冰的甜食，孩子还真的是没有任何抵抗能力呀。"

忽然，就在下一刻，小女孩竟然停止了她快速挖着冰淇淋的手（眼前的香草冰淇淋还有1/3呢）。然后，小女孩开口说：

"嗯，健康小精灵说：'够了。'"

然后，原本那个挖着冰淇淋的小女孩，竟然就这样停

> 💡 **心法 2**
>
> 健康小精灵、聪明小精灵，对孩子来说，是一种倾听内在直觉声音的媒介。一开始建立这个对话模式的时候会有点不容易，同时，也会有点好玩。一旦建立了这样充满趣味的对话模式，很有意思的是，会因为这样的对话本身就很好玩，而自然地发生在大人都没有想到的时刻呢！

下来了。

这么有威力的内在控制力呀！对潜意识有着浓厚喜爱又有虔诚敬意的我，又一次见识到，在孩子的心里，健康小精灵可以这样真的产生力量！

隔一天，早晨出门前，家里门口的纸箱子里，摆满了因为中元节拜拜而买的饼干糖果，里头有女儿从小就知道很好吃又很难在家里找到的薯片。因为要拜拜，我去了大卖场买了那种5个包装在一起的家庭包，所以，难得有了薯片这样珍贵的选择！

这一天，想说让孩子有一点欢乐感，于是我指着纸箱里的零食们，跟两个小女孩说："你们两个，可以自己选一包喔！"

大女儿手脚又长又快，马上选了一包海苔薯片。只是，1分钟之后，我看她自言自语地拿着那包薯片又走回了箱子那里，还放回箱子里。自言自语的她说着："健康小精灵说这个不健康，而且，我记得爸爸说，这种薯片他一年只吃一片……"

第二部分 和孩子的直觉力量连上线

哈哈哈！谢谢健康小精灵，谢谢聪明小精灵，谢谢潜意识。

在我的心里，考试考很高分，不一定代表聪明有能力，因为，人生的一道一道关卡，常常都不是依靠考试高分的那种聪明与能力。如果，有机会让潜意识直觉当自己最稳固的靠山，在风雨飘摇的岁月里，知道可以问问心里的聪明小精灵，是我很希望孩子能够好好带在身上的珍贵能力。

如果，孩子从小，就会这样问：

"爱吃小精灵，今天想要享受几根薯条？"

"健康小精灵，我们今天吃几根薯条最合适？"

"聪明小精灵，我们今天从现在 2：00 睡到 3：50，然后就起来写作业，好吗？"

那么，长大以后，19 岁的她，33 岁的她，46 岁的她，会这样跟自己说说话：

"迷人小精灵，这条贴身好穿的牛仔裤，配上哪条围巾，会最出色？"

"亲爱的自己，今夜，要疯狂一些、挥洒情感，还是可爱羞涩多一些?"

"亲爱的,这个耗费心力的等待,就停在这个夏天了,好吗?"

"嗨,可以了吧!可以启程,可以扬起帆,迎向青春的乘风破浪了,来吧!"

"亲爱的自己,接下来的人生,什么适合少一点,生命会更简单而流动?"

"亲爱的,身为自己生命这本书的独一无二的作者,不用那么费力了,够好了,爬山流汗的岁月已经足够,来随风滑翔,享受单纯的快乐吧!"

当孩子不想上学时，来个意想不到的陪伴

那是个很平凡的星期一早晨，8点多，夫人送小女儿去幼儿园。9点多，我在春水堂16号座位，刚做完安静练习，正要打开文件夹继续笔耕，写我的新书。

手机响了，夫人打来的。

"老公，阿毛哭哭，没有办法进教室，我所有的办法都试了，有散散步，也有吃三明治，还有跟周老师聊聊天……阿毛今天很困难进教室，大哭了好几回。她说她想爸爸，我带她去春水堂找你，然后你送她上学，好不好？"

"好呀。来。"

5分钟后，小女儿和妈妈来了。

我站在路边等着，打开妈妈的车门，一把抱起我的5岁女儿，嘟着嘴的，哭丧着脸的。我抱抱我的小女儿，嘟着嘴的小女孩在我怀里，像个小宝宝，看眼神，像是3岁

的眼神。我没有说话，就只是用温暖的怀，温暖的手，温暖的环绕，温暖地左右柔软缓慢晃动 心法1 。

温暖地、柔软地左右缓慢晃动着，5分钟后，我开口："阿毛，昨天前天，星期六星期日，你们去高雄，跟祺堂叔叔、锦敦叔叔、小蔓、阿佩阿姨、X阿姨，一起玩了两天，玩得好开心好开心，开心之后，星期一要上学，就特别困难喔？"我在心里，看见了5岁和3岁的阿毛一起点了点头。我说了这样的一小段话，想承接女儿的心与今天特别困难的背后原因。

我继续让环绕着女儿的我的双臂，柔软又缓慢地左右

心法 1

孩子脆弱来到的时候、难受发生的时候，很正常的会出现年龄倒退的心理状态（其实大人也是这样，我自己生病的时候，常常都像个5岁的小男孩）。当孩子的年龄倒退时，不急着用说理的方式对待，因为当孩子倒退到二三岁的年纪时，会听不进去那些长大以后才懂的话语。所以，这个时候，拥抱、触摸、轻轻缓缓摇动，这些偏向身体的照顾与疼爱，很有机会在这个特别的时刻传递照顾者的好意。

第二部分 和孩子的直觉力量连上线

晃动,像摇篮一样。然后,我看见春水堂的阳伞旁,蓝色的天空,还有绿绿的叶子,我开始唱起了歌,一首这个早晨,为女儿创作的新歌,用很简单很简单的调子哼着:

绿绿的叶子啊,

蓝蓝的天空啊,

我的小阿毛,是春天开的一朵花。

绿绿的叶子啊,

蓝蓝的天空啊,

我的小阿毛,是可爱的小香菇。

绿绿的叶子啊,

蓝蓝的天空啊,

我的小阿毛,是冬天里的,甜甜的小草莓。

红红的小草莓,是我们家的小阿毛,

可爱的小香菇,是我们家的小阿毛。

绿绿的叶子啊,蓝蓝的天空啊,

我们家的小阿毛,是春天开的一朵花——

小女儿，听着爸爸当场创作的歌声，她在我的怀里，嘟着的嘴，化了；冰冻了的心，暖了。女儿的脸上，在可爱的、为她量身订做的歌曲里，露出了微笑。呵呵，我们两个，一起唱了一次，又一次，又一次。我看女儿能量差不多回升了，有机会跟妈妈说再见了，就在她的耳朵旁边像说秘密一样：

"阿毛，等一下，爸爸用脚踏车，你坐后面，爸爸用推的，带你去上学，超好玩喔！"

"真的喔！"小女孩恢复了完整的5岁声音与表情，这样说。

"真的，很刺激喔！"

这孩子，翻身下地，跑去妈妈那里，说再见，还亲亲妈妈。我推着脚踏车，一路上继续哼着这首今天的主题曲！

绿绿的叶子啊，

蓝蓝的天空啊，

我的小阿毛，

是春天开的一朵花……

第二部分　和孩子的直觉力量连上线

中间有一段路，是下坡，我说："阿毛，等一下很刺激喔，你手有抓紧吗？"女儿的两只小手，超期待地、紧紧地抓着黑色的座垫："有！爸爸，我抓很紧！"呵呵，咻咻！呜——冲！我们一起放声尖叫，滑行过一段上学时的下坡路，就在这个最快乐的时候 心法2 ，我开口问：

"阿毛，今天我们上学这么快乐，你想要在哪里跟爸爸说再见？"

"溜滑梯那里。"孩子挺笃定地说。

"好！我也觉得溜滑梯那里很棒！"

靠近校门口了，我继续哼着那首歌，像是让炉火继续小火滚热一锅汤一样，让好不容易煮好的一锅好汤，继续

心法 2

"你想在哪里跟爸爸说再见？"这是关键时刻的关键问句。很有意思的地方是：选择在孩子能量状态最好的时候，来问出重要的再见地点的问句，才不会当脚踏车逐渐靠近校门口时，刚刚大哭的几个能量记忆瞬间回来，让孩子的心情又掉到之前没有办法支撑的状态。反过来说，如果是在孩子能量低的时候，即使问出上面这个一模一样的问句，也常常会得到不顺畅的答案。

维持美好的温度。

绿绿的叶子啊,蓝蓝的天空啊,我的小阿毛,是春天开的一朵花……

哎呀,到了,进了校门口,到了溜滑梯,大大的校园没有任何一个小朋友,因为已经10点多了,大家都在教室里了。小小的小女孩,亲亲爸爸,抱抱爸爸,转身,然后,真的自己走上楼,进了教室。

我深呼吸着,转身骑上脚踏车,感谢天地的眷顾,让这个早晨,可以这样陪孩子。回到春水堂,夫人见着我,一脸惊讶:"阿毛进教室了喔,这么快?"

"呵呵,对呀,在溜滑梯那里,跟我说再见呢!"

夫人开心到瞬间湿了眼眶:"你好棒喔,谢谢你这样陪孩子……"

我看着夫人,说:"最难的,都是你做的。前面那一整段,都是最难的,你都做完了。"

第二部分　和孩子的直觉力量连上线

🕮 哼一首心里冒出来的歌，陪着孩子

哼一首短短的歌，说一个小小的睡前故事，想出一个和孩子一起快乐的小游戏，都是生活里的小创意。我因为爱唱歌，又在 47 岁的这一年，决定从零开始学吉他，所以，哼一首歌给孩子听，成了我传递情意的顺畅媒介。

想起了另一个故事，那是一个星期三的早晨，夫人要赶去高雄探望岳父，所以，中班的小女儿呢，就要爸爸送去上幼儿园喽。一阵子了，在外地带工作坊维持家里生计的我，东奔西跑的，好一阵子没有带孩子上学了。因为好一阵子了，女儿已经好熟悉妈妈的流程和温度，小女孩从前一天就开始咿咿呜呜的，用自己的速度准备着。

一早，小女孩在我的床边拿着小羊、小熊，在爸爸拱起的膝盖上盖好棉被，玩溜滑梯，一下子钻进我的棉被，一下子又跑来跑去拿娃娃。我充满兴味地看着女儿，珍惜着我还看得见的、她这辈子最小的一天。

吃了早餐，大家一起出门。大女儿由妈妈送，所以我们目送着她们走向车子。小小的 5 岁的阿毛，看着妈妈的

背影，低下头，开始啜泣了起来，轻轻地哭泣，在5岁的美丽的脸庞。我牵着女儿的手，带着暖暖的声音说："阿毛想妈妈喔？"小妹妹慢慢地点点头。

大女儿已经7岁多了，7年多的当爸爸的经历，让我已经不会轻易地被"是怎样，爸爸就不好喔，为什么一定要妈妈？"的念头占领了。即使这个念头跳出来，深呼吸，也就下去了。因为，知道是妈妈日日夜夜贴身照顾（水壶有没有带、考卷有没有复习、今天体能课有没有带换的衣服、青菜多吃一点、今天要早点睡……），是这样日日夜夜的贴近，换来了孩子真实又强烈的连结。这，不是我插花式的陪伴，可以取代的。知道，深呼吸，然后就认了。

如果有一朵花，平常都是太阳在照拂，因为太阳的温暖与热度才让小花好好长大，那月亮来争什么！小花的心中，当然眷恋太阳呀。

所以，坐上摩托车之前，我就是静静地牵着阿毛的小手，没有要多说什么（其实知道说什么也没有用）。坐上了摩托车，在春天仅剩的一丝丝凉意里，我们出发往幼儿园去了。这样的清晨，女儿哭哭想要妈妈的清晨，要跟女儿顺利地说再见、进教室，是困难的。

我骑着车，女儿的两只小手握着后视镜的黑色把手，小妹妹静静的，一路上都没有说话（平常这个时候，小妮子可是叽里呱啦说不停的）。

阿毛是偏身体型的孩子，爱泡澡、爱爸爸用刺刺的胡子弄她的小肚子、爱吃香喷喷的食物……身体型的孩子，到了关键时刻，最能接收的管道，常常就是身体。于是，在一个长长的红绿灯，我把我的两只手，缓缓地移到后视镜黑色的把手那里，轻轻柔柔地靠近女儿的小手。那个轻柔得靠近，像是说："嘿，你好——"

轻轻地、小小下地，我用指尖碰到一点点阿毛的指头关节。小阿毛似乎愣了一下，然后，两只小手的10根原本握紧的手指头，像绽开花朵一样，打开，迎向了我的触碰！我笑了，脸上笑了，手指头也整个都笑了。就在那个长长的，长得很好的红绿灯前，我开口唱起了下面这首原创歌曲，那是在红绿灯前的暖暖碰触里，涌现的曲子和歌词。

阿毛有一双，小小的手
爸爸有一双，大大的手

你的小手，握住我的大手
我们的手，就在一起啰——

我们家的阿毛小小的，想起了妈妈会哭哭的
我们家的阿毛还小小的，想念煮了一锅汤，烫烫的

短短的歌，回荡在平凡无奇的路上。暖暖的连结，发生在歌声与握着的手心里。

我们自己小时候，不一定有机会听到这样的暖暖的歌，有这样的紧握，同时，长大以后，也不一定不能唱出这样的温度和触碰。许个愿，有时候，就偷偷地发生了。许个愿当个活跳跳又温暖的爸爸，是3年前的事情了。3年之后，竟然这样，偶尔真的会发生！

阿毛听着我柔柔又大大声地唱着歌，头微微地歪一边，

听着……

"爸爸——"阿毛开口了!

"嗯!"我柔柔地回应着小妹妹。

"爸爸——我要你回家唱这首歌给妈妈听!"

"好啊!"

说着说着,摩托车快要靠近幼儿园的那个转弯了,我低头问阿毛:"今天阿毛要在哪里跟爸爸说再见呢?"

"嗯嗯,要在楼梯口。"

"好啊。"

楼梯口到了,跟原本预期的困难很不一样的情形发生了:女儿跟我挥挥手说再见,我,开心极了又珍惜极了。

有一段日子,心里常常浮现一首我自己创作的还不成熟的诗——

风花雪月

春天的风,夏天的花,冬天的雪,四季的月。

春天的风会停,夏天的花会谢,冬天的雪会化。

> 挂在夜空的月，因为单纯愿意爱，四季都在。

对我来说，哼一首歌来陪伴孩子上学，就像是在人生变化的春夏秋冬里，像月亮似的，稳定地给出一份爱着孩子的愿意。唱着一首歌，像是一个有着温暖能量的醇厚汤底，让照顾者与孩子一起，因为一起歌唱，而处在好的能量状态里，从而能够做到原本有困难的那些种种。

如果可以，哼一首歌；如果可以，说一个编来编去的小故事；如果可以，发明一个小活动，让孩子与自己快乐地做家事。重点，不在于厉不厉害，甚至，也不在于成不成功，而是，因为这样，我们和孩子，就在一起了。

第三部分 Part 3

因为凝视，推开懂了的门

在安静的呼吸里，遇见孩子的笑容

凝视，是一份安静的停留，凝视，也是一份带着愿意的真的懂。当我们凝视一个人，凝视一颗心，凝视一个忽然冒出的情绪，因为停留了，因为意愿很饱满，就很有机会提取出一份生命的美。

凝视不是一种可以明显辨别的行为或能力，而是行为后面的一种状态，一种安静又愿意的好状态。因为是状态，所以不容易言说，也不容易举例，同时，也因为这样，凝视的心法十分珍贵。

大女儿6岁那一年的冬天，我的大学同学小瓜呆，寄来了一本书，一行禅师的作品《橘子禅》。我们家的夫人打开来读了读，说读不下去。我说，年纪不到，读不下去是好事，那就不要勉强读。

而45岁的我，夜里安静地读着《橘子禅》，竟然津津

第三部分 因为凝视，推开懂了的门

有味！我竟然年纪到了，可以读一行禅师了。读了，喜欢，那就开始实行。于是生活里，一次一次练习着橘子禅。我把一行禅师的语言，一天一天地转换成我自己呼吸之间最顺畅的简单语法：

"吸气，让平静进来。"

"呼气，我正在微笑。"

就这样，一次一次。于是，当电话、手机响了——

第一声铃响，不接。单纯地知道电话来了。

第二声铃响，依然不接。然后深呼吸一口气，接着在心里听见："吸气，让平静进来……呼气，我正在微笑。"

第三声铃响，带着微笑欢迎的心，把电话接起来，带着平静与微笑说话。

就这样，从45岁的冬天开始，一天一天练习着好朋友送我的好礼物，呼吸，呼吸，平静，微笑，然后，有一些事情竟然渐渐发生了……

那是一个星期四的中午，我们一家人在熟悉的餐馆里吃午餐，小女儿在一旁玩着餐馆主厨小鱼姐收藏的木头小

猫咪。突然,我发现了新的一件事,赶紧跟身旁的夫人兴奋地说:"我发现一件事,我只要专心安静地凝视阿毛,阿毛就会不自觉地绽放笑容耶!"

原来,当我们的心正微笑着,我们就很有机会遇见身旁美丽的微笑。我,很喜欢这个新发现!

第三部分　因为凝视，推开懂了的门

委屈不会没有，伤，可以少一点

孩子三四岁前，很爱说的一句话是："爸爸抱抱。""妈妈抱抱。"

其实，已经四十几岁的我，还是有很多时候，心里会浮现和孩子一样的想望："我好想要身旁温暖的人，主动抱抱我喔……"不是不想要，不是都已经满足无所求了，只是没有说出口而已。

关于抱抱这回事，让我想起我年轻时到美国马里兰大学攻读生涯咨询硕士时，最震撼也最历久弥新的，就是我在研究所里遇见的老师们，如何完完整整地把大男生的我拥入怀里。那样的拥抱，离开了我们文化里男女授受不亲的隔阂，我的老师们，男的女的老的少的，几乎都可以也愿意给出那样的整个身体的拥抱。

我特别记得实习时遇到的一位黑人老师克里夫，他的

心纤细得像棉花一样,而身体壮硕得像只大黑熊一样。每回他在他的咨询室门口看到我,都会大叫我的名字:"Hey, Huck! Come here!"("嗨,哈克!来!")然后大大地打开他的胸膛、张开手臂,等待我向前一步,然后瞬间一大把地把我拥入怀里。

即使回家将近20年了,我依然记得那个像熊一样的拥抱,被浓浓地喜欢,被大大地接纳,极其温暖。那个拥抱的记忆,对我来说好重要,因为记得,所以慌乱时、紧张时,身体会记得,我曾经那样地被喜欢、被接纳,因而可以起身迎接生命中的风风雨雨。

如果抱抱可以美好又亲近

我们的文化里,存在着一个说法,叫作:"不要常常抱,不然孩子会习惯,后来就会不好照顾。"所以,和长辈相处时,怀里抱着女儿的我常常会受到教导与训斥:"不要抱,放下来。"

有不少长辈带着经验教导的智慧,我接收得完整也执行得顺畅，像是夜市豆花店的婆婆，在大女儿2岁时，摸着小女孩露出长袖衣服外头的手，用闽南语教我们："摸摸看，像这样手脚冷冷的，就是穿太少。"从那一天起，我就学会了老人家的智慧，用摸孩子的手脚，来决定要不要帮孩子多加件衣服。

长辈们的另外一些教导，我则选择参考着用，像是抱抱这件事情。我猜，我在地球的另一端，看见过也体会过拥抱的美好与亲近，我真的不想错过拥抱带来的情感流动，所以，我的孩子，爱被抱抱，也很能抱别人。像是小女儿在幼儿园最迷人的举动，就是会兴冲冲地跑过整个幼儿园的大中庭，飞扑到她喜欢的幼儿园老师身上；小女儿也会从家里的餐桌上翻身下马，只因为听见了照顾她的小保姆小芸姐姐开门进来的声音，然后小跑步绕一个小圈，没有停留地一个箭步跳进小芸姐姐的怀里。她们，都笑得好满足呢！

只是，大部分的时候，不怎么习惯在长辈面前捍卫自己理念的我，听见长辈说不要抱小孩的时候，会自动化地、顺从地把孩子从身上放下来。顺从，不代表赞同；顺从，是不忍心违逆长辈那一份其实只是想传授经验，很想多给一点爱、一点指导的心。只是，顺从的同时，心里来来回回的冲撞，持续在孩子成长的过程里发生着。

那是一个冬天的夜晚，大女儿才刚满3岁，那个原本从睡午觉起来之后就一直很开心的大女儿，很罕见的突然失控地"乱哭了起来" 心法。她在厨房与客厅交界的木头地板上，把立体磁铁游戏组乱摔乱丢，然后大哭大叫，说磁铁不够多，拼不起来她要的一朵花。

心法

"乱哭了起来"这句话，是典型的"从照顾者角度思考"的语言。如果我们放下原本的视角，转而从孩子的角度看，那么，不难想到的是，孩子这么失去控制感的大哭，很有可能是她正在表达着连她自己都不怎么懂的情绪。身为照顾者，如果下了判断，说这个孩子正在乱哭，那么一不小心就会错过了懂孩子的大好时机。这时候，如果可以深呼吸，然后试试看问自己："什么正在孩子的心里发生呢？""今天，发生了什么，可能跟这个时候的情绪有关联呢？"

第三部分 因为凝视，推开懂了的门

听见大女儿无法控制的哭声时，我正在浴室洗澡，而忙碌的夫人正在帮刚大便结束的小女儿洗屁股。我加速洗完澡，走了出来，走向哭倒在地上无法停止哭声的女儿，蹲在她的身旁，我说：

"黄阿赧，你拼磁铁遇到挫折，哭哭，然后也顺便把早上在阿伯家的难受也一起哭哭，是吗？"小女孩用更尽情、更洪亮的哭声，表达出很底层但其实自己本来也不清楚的"是"（这个心里的声音，埋藏在心里很里面的位置，原本连自己都不清楚，同时，哭声出来的一刹那，孩子自己就听见了自己的这个"是"）。

哎呀，这天早上我们全家受邀到一位学术界的长辈家做客，地位崇高的前辈教授与教授夫人，看到我和夫人常常抱着因生疏而害羞紧张的大女儿和小女儿，没有间断地要我们把孩子放下来，没有停止地想要把他们教养出优秀独立儿女的经验，传递给我们这两个刚当爸爸妈妈不久的年轻夫妻。

唉，身为爸爸的我，在那个不熟悉的环境氛围里，没

有聚集足够的能量捍卫对女儿的疼爱,因而好几次把紧张不安的孩子从怀里放了下来。是我,让孩子受苦了。

没有捍卫到,是的;好,而此刻,我力量恢复了,我要来疼我的孩子了。

于是,我温柔地看着女儿,说:"来,爸爸抱你,让你可以痛快地哭,好吗?"小女孩泪汪汪地点点头。我抱起心爱的女儿,从书房走到客厅。

从这里走到那里的移动,是为了不让女儿固着于先前的混乱情绪,然后我接着用无尾熊抱抱完整接触的姿势抱着女儿,坐在客厅温暖的沙发上。我一边用我的手臂环绕着女儿,一边说:

"黄阿赧,今天在阿伯家,好几次你要爸爸抱抱,阿伯都说小孩子不可以一直抱抱,这让你很伤心很委屈,是吗?"哇哇哇哇!小女孩用力点头,再用更大的哭声说"是"。

"黄阿赧,中午的时候你找不到妈妈,好担心妈妈不见了,那时候你好害怕,然后阿伯又叫你不要哭,你那时

第三部分 因为凝视，推开懂了的门

候很委屈又很害怕，是吗？"哇哇哇哇！小女孩更用力点头，眼泪成串一直掉落。

哇哇哇哇……哇哇哇哇……

哇哇哇哇……呜呜呜呜……

呜呜呜……呜呜呜……呜呜呜……

小女孩继续哭着，但声音开始有了质的变化，随着呼吸、随着呜呜声的抒发，似乎，伤心的成分持续地少了一些些。

"黄阿叔，爸爸跟你说，下一次，你有伤心有委屈，不用等到因为玩玩具遇到挫折才哭哭，你可以直接来找爸爸，然后跟爸爸说你想哭哭，爸爸就会抱着你让你哭，好吗？"

小女孩安心地点点头，依偎在爸爸的怀里，而哭声慢慢变成安心的呼吸声。似乎是因为被懂了，被陪伴了，一直到睡前，小女孩都好可爱，好开心，一直到睡着。

温暖的拥抱，让孩子学会了温暖给爱

那一夜，因为停了下来，因为决定没有用"乱哭"来定义孩子的不知所措，我把慌乱失措的小女孩，带回温暖的心里的家，没有任由那颗心遗落在那里。我这样对待孩子，很可能不会教出一个刚毅的孩子；同时，我这样拥孩子入怀里，可能会养出温暖能爱人的孩子。

小的时候常被骂，长大以后可能很会骂人；

小的时候常被骂，长大以后也可以很懂被骂的委屈。

成长的岁月被冷漠，长大后可能很会冷漠身边的人；

成长的岁月被冷漠，长大后也可以选择长出温暖，温暖自己的和别人的冷。

在冬天的夜晚，记录着这些发生的种种，写到一半时，自己的眼眶都湿了，多么希望自己小的时候，委屈伤心害怕的时候，也有人能够这样懂，这样拥抱……

心爱的孩子，你成长的路上，会遇到好人，也会遇到因为限制很多、困难很多，而很会骂人、很会嫌别人的人。

爸爸祈祷着：

第三部分 因为凝视,推开懂了的门

你的伤心,有人听;

你的害怕,有人陪;

你的委屈,有人抚慰。

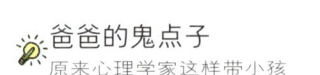

"能这样大哭,真好。"

元旦假期,哪里都人多,为了买一件羽绒外套御寒,我难得"进城"。我是一个属于大自然的孩子,进到市中心,进到百货公司、购物商场,就像是"进城"。一进到了刺激消费的购物环境,孩子就辛苦了。

5岁的小女儿看到了游乐场里好多好多小朋友正在玩乐,那是中型的游乐场,允许小朋友跑跑、跳跳、拉拉、荡荡、躺躺。在人潮里终于买好了羽绒衣,又排队等吃咖喱饭,一排就是半小时。

人到中年,我力气用得差不多了,没有办法支持女儿去玩游乐场。

小女儿听到爸爸说,今天可能没有办法让她去游乐场玩,小女孩哭丧着脸。小女孩没有说什么,从小她就知道,爸爸累了的时候,需要先照顾一下爸爸。在一旁的角落里,

第三部分 因为凝视，推开懂了的门

小女儿一边跟姐姐有一搭没一搭地玩，一边依然嘟着嘴。10分钟过去了，我们还在等位吃咖喱饭，小女孩嘟着的嘴一直下不来，即使姐姐很用心地想带着她玩游戏。

孩子难受了，我没有觉得"这个孩子不听话、不懂事"。

孩子难受了，我没有觉得"这个孩子这样跟我作对"。

孩子难受了，如果还可以深呼吸，就来凝视吧。所以，我深呼吸，然后跟女儿说："阿毛来，爸爸疼你。"小小的阿毛来到我怀里，靠着爸爸的肚子，我说："阿毛，你今天没有办法玩游乐场，很失望，对不对？要是爸爸小时候看到这个，也会很想很想玩，如果不能玩，一定很难受……"

小妹妹在我怀里大哭。

大哭。

大哭。

我摸着女儿的头发、背，轻轻地摸："能这样大哭，很好，能这样大哭，很好……"哭了10分钟，餐厅候到位了，在纸上，小女儿画下了这样的自己（见后页图）。

5岁的小女儿画着画着，就把自己给表达完整了。完整

表达了，情感，就没有不小心遗落在想要却无法拥有的失落里了。

没有遗落，就可以完整地整个人活在当下了。于是，儿童餐来了，小女孩跟着姐姐一起开心地吃着干酪鸡肉饭。刚刚这一整段，大女儿几乎都没有说什么话，就只是静静地看着。她从小，被爸爸这样凝视与陪伴，所以她知道，妹妹一旦完整地被陪伴，再等一下，活跳跳的妹妹就会回到她身边。

第三部分　因为凝视，推开懂了的门

会哭的孩子，笑起来，实在是迷人极了 心法 。

同一天的夜里，睡前，因为隔天我就要搭机到日本大阪，最近和爸爸很亲近很亲近的大女儿，舍不得爸爸一出门就是5天。我在卧房收拾着行李，听到小女儿走过来，拉拉我的手用好简单的语言说："爸爸，姐姐哭哭，她舍不得你，你去看看她。"

我牵着小女儿的手，走向大女儿的卧房，小女儿边走边自言自语："等一下爸爸一抱黄阿赧，黄阿赧一定哭得更大声，超大声。"小女孩的自言自语，像是一份预告，也像是一份很底层的相信，相信爸爸一抱，姐姐就可以尽情地表达、被爱、被接纳。

> **心法**
>
> 我心里一直有一份很深的相信，我相信："会哭的孩子，笑起来最美。"今天，会如此尽情大哭的孩子，长大以后，遇见心仪动心的对象时，会自己兴奋地在房间里又叫又跳；长大以后，坐飞机离别时，舍不得的眼泪会成串成串地掉；长大以后，和朋友喝啤酒时，会真的豪气干云地畅快。

走到房间，我抱起大女儿，原本啜泣着的孩子，在我怀里瞬间大哭，哭声真的像是要掀开了屋顶的那种。我用微笑的心，用强而有力的臂膀，抱着孩子，顺着她的背，温柔地说："黄阿赧舍不得爸爸去5天。爸爸答应你，一月、五月，去澳门和香港工作，都只待四天三夜就回来。哭哭很好，可以这样大哭，很好，爸爸爱你……"

一如往常，哭了5分钟之后，停了。

停了，就真的停了，因为哭完了。

晚了，关灯了，大女儿一如往常，在她的心口处，握着我的右手手掌，她说：

"爸爸，我觉得大哭很好喔，好像就都哭完了，而且啊，好像还顺便把一些以前的、委屈的、不舒服的，都顺便一起哭出去一样……"

小女孩，是笑着说的。那个笑，像冬日暖阳下开的一朵花，纯白而闪着光芒……

第三部分　因为凝视，推开懂了的门

"爸爸，你不要生气了，好不好"

那两天，连着两天，和夫人激烈吵架。吵架，还吵过夜，在我们家，好久不见了。两个孩子，一个7岁、一个5岁，我总是一边吵架，一边看着她们，是不是快要超过她们的承受极限了。

吵架，是一种大声的表达，是一份没有办法时的大声表达，所以，有其必要。只是，如果强度太强，时间持续太久，孩子的心，无法承受的时候，会开始学习麻木自己的感觉，让自己对于情绪感受，失去了感觉。

小女儿天生霸气，即使"炮声"隆隆响，她依然自由地画着她的小兔子、小猫咪。大女儿就不一样了，她天生贴心柔软，脸上的担忧之情，越来越浓。

吵架吵到了第二天早晨，在激烈的大小声之后，大女儿轻声地走到我的睡房，两只细细的手臂柔柔地往上，环抱着我。她抬头看着我的眼睛轻声地说：

"爸爸，你不要生气了，好不好……"

我心疼着女儿，我摸摸她的脸，紧紧地抱着想爱我的她，紧紧地抱着害怕担心逐渐满溢的我的孩子。我深呼吸，我再深呼吸。然后，我跟女儿说："黄阿赧，爸爸和妈妈会生气吵架，是因为想说的话，觉得对方没有听见，所以会这样很大声。如果表达的，被听见了，常常就不用继续吵下去了。"

然后，我转头对夫人说："我生气的后面，想表达的，都表达了，我不会再重复一直说了。我们停在这里，好吗？"

女儿在我怀里，没有真的马上松了一口气，同时，我知道，她的话语，她的恳求，被听见了。

夫妻，很难不吵架。吵架，不可怕，可怕的是，一边吵，一边心里的疼痛一个一个被呼唤出来，曾经没有被好好照顾的心理需求、曾经被惊吓的经验、曾经提出但终究被忽略的恳求……——点名跳出，——牵着手大声地说："我们想被看见，我们想被好好照顾……"

第三部分　因为凝视，推开懂了的门

这下子，忙了，忙翻了。

翻了翻了，一不小心，就整个世界都翻了。

"爸爸，你不要生气了，好不好……"

这句话，即使吵架现场已经过去了好几天，依然回荡在我的脑海里。心里浮现着好多好多画面……我想，不知道，身边有多少朋友，有多少生命在成长过程，很想说出这句话，但从未说出：

"爸，你不要生气了，好不好……"或是"妈，你不要生气了，好不好……"

我猜想，很多很多人，小时候，都好想说出这句话，但是，害怕说出来没有用，害怕说出来之后，结果更糟，所以，那句恳求——"不要生气了，好不好……"——锁在记忆的深处。

"爸爸，你不要生气了，好不好……"当爸爸的我听见了女儿的这句话，当我轻轻地抱着我的女儿，我打从心底高兴，女儿可以说出口这句恳求与期盼 心法 。

说出了，表达了，孩子也就尽了一份心力了。是女儿的冒险尝试，说出这句话，我才能够注意到自己没完没了的抱怨与生气循环。是女儿愿意用温暖的手环抱我，表达了对爸爸的关爱，我才能够转头迈开这一天的启程。我期许着自己，创造出一个空间，让孩子继续说得出口这样的请求，表达这样的关爱。

心法

一个家里，孩子的表达，如果在关键的时刻，能被照顾者听见，这样的孩子常常会在心里头扎实地觉得："我真是一个有用的人。"这样的扎实地觉得与确认，似乎是日后好多力量与相信的美丽根源。

第三部分　因为凝视，推开懂了的门

"你过不了哪一关？"

母亲节的早晨，开车带一家大小回老家。车上，出现这么一段对话：

"爸爸，黄阿赧昨天被妈妈骂。"小女儿说。

"不是啦，是阿毛昨天洗头时，鼻子被妈妈弄到水而哭哭，然后妈妈就说要给阿毛吃小熊软糖，然后我就咿咿呜呜说我也要……"7岁的大女儿努力地试图还原现场，给昨晚没有参与到这一段情节的爸爸听。

回到老家之前还有半小时，时间空间都足够，一家人都在车子里有个好处，大家都可以说话表达。夫人也加入了现场重建的行列："我看黄阿赧哎哎叫，就说，那给阿毛两个小熊软糖，给黄阿赧一个小熊软糖，呵！黄阿赧就哭哭没有办法接受……"

我听了，带着一份接纳与了解，微笑着说："哎呦——

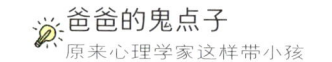

爸爸的鬼点子
原来心理学家这样带小孩

黄阿赧喔,真的是这样,从黄阿赧小时候我就这样说,这孩子,呵呵,就是过不了吃的这一关,其他事都可以商量,就是碰到食物的时候,黄阿赧就很难……"

坐在后座乖乖系着安全带的大女儿开口了:"我昨天那时候有跟妈妈小小声地说,说我就是过不了吃的这一关啊!"

哈哈哈!我带着太阳的能量哈哈大笑了一整轮,整整笑了大约 20 秒 心法 。

笑完,我抓着太阳能量的尾巴,问了全家一个新鲜有趣的问答题:"黄阿赧过不了吃的这一关,我们大家都知道。那你们觉得啊,爸爸啊,阿毛啊,妈妈啊,分别过不了什么关?"

> **心法**
>
> 这时候,如果直接进入教育孩子的流程,总是觉得可惜了些。哈哈大笑,是带着太阳的单纯阳性能量,表达着接纳,表达着暂时不评价,表达着,当爸爸的,好单纯地喜欢着听到的真实故事。

小朋友们可乐了,纷纷举手答题。

"我觉得,爸爸过不了我们吵架咿咿呜呜的声音这一关,爸爸也过不了回家没有人迎接这一关。"两个女儿几乎同时又交错着地说出这个漂亮的答案。

有趣的是,明明她们说出爸爸的弱点,不知道为什么,我忽然觉得有一种被了解的舒服感。

"阿毛过不了人家不听她的那一关。"夫人很笃定地说着。后座的小女儿微笑点点头,表示真的是这样。小女儿从小像黑道老大,一旦坚持,就很坚持。

夫人在一旁已经很期待我们怎么说她了。最了解妈妈的黄阿赧很有信心声音洪亮地开口:"妈妈受不了地上有东西、餐桌上乱七八糟,妈妈过不了干净这一关。"

坐副驾驶座的夫人,点头微笑说:"真的喔,有一种被了解的感觉耶。"

只是这一关,不是整个人

"会这样卡住,是不是过不了哪一关?"这样的问句,是一个很有意思的视角。这个角度，让我们有机会看见，原来，是这一关，不是这一个人，不是整个我，不是整个你，不是整个他。

喔，原来他是卡在想"被完整地喜欢"这个关，不是他嫌弃我。

喔，原来她是卡在"爱干净、爱整洁"这一关，不是她故意找茬要生我的气。

喔，原来他是卡在想"专心玩完这个游戏"，不是他没关心到别人的行程进度。

"喔"了一声之后，不是就允许对方一直这样对我们，而是，带着这份懂，也诚心地带着空间，开始邀请对方，把眼睛从自己卡着的地方，移动起来。于是，说不定，有时候，完整地卡在那里；有时候，移动一点点，也看见心爱的身边的人的急切需要。这就是关系吧，既然有了关系，那么就会有时候被照顾，有时候照顾自己。

"你过不了哪一关呢？"

如果，被清楚地看见了、说出了、知道了，有时候，会有一种被懂、被接受，甚至如果幸福一点，会有一份被接纳的感觉。然后啊，像是叹口气似地说着：

"哎，她就是这样啦，过不了'最后一口没有留给她'这一关。"

"啊，他就是这样啦，过不了'就是想要有人称赞他'这一关。"

听说，这样叹口气地说着，似乎，就没有要让这个家一定要有标准答案。没有一定要有标准答案，我们，很有可能就都忽然地、自由了一点点。

"爸爸,我没有耐心了"

刚过的母亲节,和很多家庭一样,我们过的是一家大小返乡的那种母亲节,蛋糕准备的,是给老家的母亲的。

那个星期日的晚上,回到自己的家里,大女儿窝在书房的角落,半小时之后,拿出了一张像纸条一样的卡片,说出了小女孩好直接的心情与盼望。

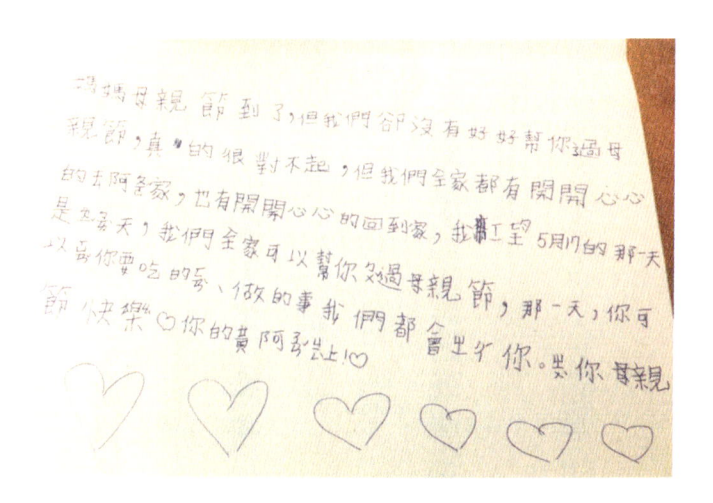

第三部分　因为凝视，推开懂了的门

因为这张纸条，因为女儿的这份情感满溢的心意，于是，7天之后的星期日，我、两个小家伙，要专心地帮夫人过母亲节。夫人这阵子和植物还有食材的关系很好，说想要去传说中的花市买些植物回来种在后阳台。呵呵，真是美好的期望，一个家，常常绿一点，能量就有机会清新透明一些呢！

所以，8点多，我们一家四口已经在去往花市的路上了。车上，我跟孩子们说："小朋友，我们今天一起努力，全心全意来让妈妈开心，好吗？"两个小妹妹非常配合地、大声地在车里一口答应："好！"

一早心情好，能量饱满，当然可以说"好"。

等到身体有些累了，心里有点疲了，那个曾经的"好"，常常很正常地就褪色了。

👞 猜心，专心地猜猜孩子的心

9点多，抵达花市，喜欢植物的夫人，像是来到了她的迪士尼世界似的，开心地这里逛逛那里叫叫："哇！你来看，有这个耶！你看，这盆铁线蕨好绿好绿喔！"这是一个有大树在边边围绕的花市，我一看到大树就像看到久别重逢的家人似的，深呼吸地驻足树下仰望绿意，感受着树干的生命力，也找了一个角落，开始短短的这一天的安静练习。

花市里买植物的人们，看起来心情都挺好。我猜，因为每个来到这里的人，每拿起一盆花、一盆草、一棵树，脑海里总是没有办法不去看见这个被挑选的新生命，即将在家里的某个适合长大、适合好好呼吸的所在，抽芽、扎根，然后绽放。因为这些脑海里正在播放着的新可能，比起我常常在候机楼、高铁站、地铁上遇见的疲倦神情，在花市里看见的表情，很好看的真是不少呢。

可能因为这样，两个小家伙，能量掉下来的速度比预期慢了不少。直到 10 点多，我注意到 5 岁的小女儿开始头低低，有点发呆的神情开始出现。

于是，我蹲下身子，温柔地注视着小妹妹，她直直又慢慢地朝我走过来，扑到我的怀里，然后开始轻轻啜泣。

"阿毛，怎么了？"刚做完安静练习的我，准备好承

第三部分 因为凝视，推开懂了的门

接地、轻声又安稳地问。

"呜呜——爸爸，我没有耐心了……妈妈挑植物、挑盆子挑好久，我等到没有耐心了，呜呜——"

"哎呦——这样喔，爸爸好高兴，你可以这么清楚地说出自己没有耐心了，阿毛好棒喔！"

"妈妈一直挑一直挑，我都不知道还要等多久，我没有耐心了，呜呜——"

我心里想，哎呀，这孩子真好，可以这样清清楚楚地把心里的情绪和想法说得如此完整。我真心为孩子能够讲清楚自己而庆贺着，同时，我知道，只有庆贺，还不够，因为那个在花市里正尽情地过着母亲节的夫人，看样子兴致一点都不比逛百货公司周年庆低呢。

我开始猜 心法1 。

我猜，小女儿知道，今天大家要一起努力让妈妈开心（因为在车上她们两个小家伙都有大声地答应爸爸说"好了"），所以，如果她这时候跑去跟妈妈哎哎叫吵着要回家，她知道自己会遭到一种"呵！你怎么这样？不是说好了

吗？"的白眼。小女儿也知道，姐姐如果目睹妹妹在这个时候跟妈妈哎哎叫，很有可能会义正辞严地教育妹妹说："阿毛，不可以这样啦，我们是要让妈妈开心的喔，今天不可以这样。"

所以，小女孩卡住了。

我继续猜，我猜小女孩的一部分的自己，累了疲了，想回家了，想换个地方了。这个大大的花市，对5岁的小女孩来说，在她挑好了她要的粉红色鸡蛋花的那一刻，就已经完完全全逛完了。

另一部分的自己，5岁的她已经知道这个时候不是闹的时候，她当然也有想要让妈妈开心呀！她当然也不想破坏全家人计划中的理想画面呀。

心法 1

我常常提醒自己努力地去猜孩子心里可能正在经历的种种，这是我心里给孩子的承诺：爸爸，会尽力去猜她们心里没有办法完整表达的，里面细细的藏着的那些。对我来说，用心地猜，然后多懂一些，是我当爸爸的一份诚意。

第三部分 因为凝视，推开懂了的门

两个力量像麻花一样，缠住了、卡住了。

卡住了，而妈妈正在快乐地逛呀逛，而带着对妈妈满满的爱的她的姐姐，根据经验判断，此刻很有可能会把握机会教育妹妹一顿。所以，这个时候，那个蹲下身子的爸爸，就成了小妹妹航行轨道迷失时的港湾了。这些猜测，我全部都没有说出口，我只是专心地，在心里想着，理解着，然后，因为猜测之后的一份理解在心里回荡着，于是，似乎就自然地，更完整地接纳着眼前的这个哭哭的小东西。

所以，小妹妹在我的怀里，啜泣着……

"阿毛，可以这样说出自己没有耐心了，爸爸很为你高兴。"一模一样的话，我带着微笑又说了一次。同样的话语，如果带着爱、带着更完整的理解来承接，就是滋养；同样的话，如果带着不耐烦和压制，常常就变成了啰嗦。

小妹妹在我怀里，肩膀松了一点，我猜，她的第一个部分，没有了耐心等不下去的部分，已经被爸爸完全承接了。难受、不知如何是好的情绪一旦被承接了，内在的流动就会发生，这时候，原本在卡住状态时完全没有被接触

到的信息与资源，都开始有机会进到心里来。就在这个时候，我注意到小妹妹小小的眼睛转了一个方向，望向远方的摆放鸡蛋花的角落，然后她开口："爸爸，我怕我选的那个粉红色的鸡蛋花会被别人拿走。"

"呵呵，这样喔，那爸爸牵着你的手，走过去找到你的那盆粉红色鸡蛋花，然后先拿来这边放着，不要给别人拿走，好吗？"

她没有出声但很确定地点点头。小妹妹从爸爸的话语里，听出了这个时候的爸爸处在可以完全疼爱她的状态，于是，眼角的泪滴还没有干，嘴角已经偷偷出现了一点点隐隐上扬的弧线了呢！

创造新的属于自己的照顾空间

我牵着小女儿的小手，珍惜地往鸡蛋花盆栽那里走去，然后一边走，我一边开始为等一下的移动做准备。人的身体，不管是大人还是孩子都一样，只要开始动起来，没有僵在困住的那个身体姿态，内在的移动与新行动的发生，

第三部分　因为凝视，推开懂了的门

常常就没有原本那么难了。

"太太，你大概还想要逛多久？"往鸡蛋花那里走去的路上，遇见夫人，我问了这个很实际的问句。

"20分钟。"迟疑了3秒钟，夫人这样回答。

说出20分钟之前，夫人的眼珠子转了一回、眼睫毛眨了两次。我猜，她其实不只想要20分钟，但是她也看在眼里，两个孩子和昨天刚带完一整天工作坊的老公都不怎么撑得住了，所以，她心里想的可能是40分钟，但折中成20分钟，让自己有快乐，同时让老公和孩子不至于太辛苦。所以，带着这个很可能猜对的懂，我已经在心里做了决定，我要带着两个女儿离开花市现场40分钟，支持夫人拥有她难得可以拥有的快乐。

一旁在妈妈身边绕来绕去的大女儿，表情似乎挺满意地确定了她想要的小花盆和搭配的圆形盛水盘，看起来也快要完成她的小采购行程了。于是，我把这两个小家伙叫到我身边，离妈妈有一点距离 心法2 ，蹲下身子，然后看着两个小家伙的眼睛说：

爸爸的鬼点子
原来心理学家这样带小孩

"妈妈还想要逛20分钟,爸爸想要让妈妈安心地、好好地逛花市,你们也想让妈妈开心,所以,爸爸带你们去找找看,附近有没有哪里有卖冰淇淋,好不好?"

带孩子去吃好吃的,是一个平凡至极又不容易失败的行动建议。而且,在这个热气逼人的夏天,便利商店里诱人的冰淇淋,也是一个挺开心的选择呀!

"好啊!"

"好啊!喔耶!"

于是,我开着车,载着挑花盆的耐心用完但找冰淇淋的耐心很饱满的两个小家伙,开始了我们的找冰淇淋之旅。

心法 2

和孩子互动的时候,创造属于自己的领域空间,是挺重要的一件事。孩子如果长时间和妈妈(或主要照顾者)相处,会笼罩在妈妈的能量场里,于是,想法、逻辑、感觉,都会围绕着妈妈呼唤出来的习惯性反应。这时候,如果没有拉出一个距离来,大部分的建议、行动、改变、点子,常常会无法顺畅发生。所以,我常常在想要跟孩子有一个不一样的行动时,会先把距离拉开,把孩子带到另一个空间,然后创造一个属于爸爸的崭新能量场。

第三部分 因为凝视，推开懂了的门

40分钟之后，我们回来了，夫人正在结账区前排队，两个小家伙跳过去开心地跟妈妈说，她们刚刚怎么帮爸爸找到卖小美冰淇淋的便利商店。

➪ 有停下来猜，于是有了真的陪

有时候我会这样想，一个人耐心没有了，是好正常的一件事情呀！而心里有了两个声音在打架，所以不知所措，也是多么自然的存在啊！

小女儿5岁这一年，我真开心，那一刻有看到她头低低能量掉下来；我真开心，那一刻有蹲下来；我真高兴，那一刻我有好好地猜；我真高兴，猜了懂了之后，我有好好地陪陪她。于是，我知道，因为她曾经有完整的被懂的经验，于是，这个孩子长大以后，很有可能会在15岁那一年，18岁那一年，30岁那一年，46岁那一年，这样跟爸爸说：

"哎呦，爸爸，我的时间都不够用啦，怎么办，我不知道要不要专心地画画就好，还是也要更认真地天天练吉他，我好爱画画又好爱唱歌，怎么办？"

"爸爸,我好像谈恋爱了,我早上醒来晚上睡前,怎么想,都是他,他的轮廓、他的微笑。"

"爸爸,不知道为什么,我的热情忽然消失了,原本的坚持全都失去了力量。我想,我想到你的怀里,再当一次无助的小女孩,好吗?"

小女孩长大以后,说不定会有那么一天,她摸着很老很老的我的眼尾纹,温柔至极地这样爱着我说:"爸爸,你的皱纹好美,你的岁月你的时光,真值得。"

第三部分　因为凝视，推开懂了的门

"今天，想对谁温柔？"

那是元旦过后没几天的一个傍晚，5岁的小女儿从幼儿园放学，上了我的车，挨着身子靠着驾驶座的我。靠着我的小东西，轻声柔软地叫着我：

"爸——爸——"

从小像极了"霸道总裁"的小女儿，竟然会这样撒娇，我惊讶极了！

"阿毛，你今天叫爸爸怎么叫得这么好听？"我好奇地问。

小女孩想都没有想就说："我今天早上起来就想，我今天想对黄阿根，还有爸爸温柔。"

这样喔，可以这样喔！可以想对谁温柔，然后就让温柔发生！

真是太神奇了。45岁的我，每天都做安静练习，然后

在安静练习里问自己:"生命的这个时刻,我最想创造的是什么?"然后双手手掌朝上,祈求着天地,祈求着潜意识直觉给一份信号,然后,才听见一点点声音与方向。而我的5岁女儿,竟然就这样,一早起来就决定了:"我今天想对黄阿赦还有爸爸温柔。"

棒透了!真是为这个孩子高兴。5岁,就可以这样有觉知地活着(Mindfulness),而且,就这样,在遇见对象时,就做到了呢。

带着懂的凝视

对一些人来说,温柔,是一份本能。

对一些人来说,温柔,是一份期许。

对一些人来说,温柔,是一份奢求。

而我,是从24岁开始,学习温柔的。对我来说,能不能"温柔地凝视一个人"这件事存在着一个最大的敌人,就是"匆忙"。匆忙,有时候是因为累了,需要赶紧回去休息。匆忙,有时候就是因为习惯了匆忙,想要有效率,因而失去了与人的接触与温度。所以,一路上,都在一次次的深呼吸里,鼓励自己可以再多一点温柔。

我想起刚过的周末,和音乐人朋友两家人一起吃早餐。吃完早餐,孩子们自由地在大草坪上奔跑,玩丢很远很远还可以接起来的摩天球。小朋友奔跑得差不多之后,我们一起散步在有好多狗狗的绿园道上,这时候,爱画画的小女儿忽然不动了。

小女孩停下了脚步,眼睛几乎不眨地,盯着眼前的画面。

一个奥地利画家正在为人用蜡笔画画。5岁的小女孩,站着,看着,嘴巴微微张开,她看呆了。24色的雄狮牌蜡笔,我们从小用的那种最平常的蜡笔,竟然可以画出眼前的人的彩色模样。爱画画的阿毛,像是看到了另一个世界。

我们就在那里,足足看了20分钟。

"妈妈,我们可不可以也坐下来让画家画?"

"那你们要问爸爸。"

"爸爸,可以吗?拜托拜托……"

爸爸的鬼点子
原来心理学家这样带小孩

两个小女孩睁大眼睛求着爸爸,我的第一个自动化反应就是,哎呦,这一画,至少半个小时,两个小家伙加起来,就是一个多小时,这样回到家都累了,下次好了。

我忍住,没有说。

因为自动化,带来僵化,我努力着不要掉入原本的习惯模式。

一旁的大女儿看出了爸爸心里的为难与挣扎,轻轻拉着我的裤管说:"爸爸,阿毛现在正可爱,让阿毛画就好,我没有关系。"

我一听,深呼吸上来,7岁的女儿这么努力,我也要来努力。所以,我再来一个深呼吸,然后我回想起,这天清晨的安静练习里,我接收到自己这个阶段最想创造的是:"和孩子一起玩,一起歌唱。"于是,我好好地凝视着眼前的女儿,我的心里已经决定要改变自动化习惯了。我蹲下身子,温柔地对大女儿说:

"黄阿赧,你有想要让画家画你吗?"

"爸爸,我没有关系,让阿毛画好不好?"

第三部分 因为凝视，推开懂了的门

"好呀！"我说，"同时，黄阿叔，如果你有想要画家叔叔帮你画画，爸爸下个星期六也没有要带工作坊，我专程带你来这里 心法 ，然后画你，好吗？"

"好啊！"7岁的女儿笑着点点头说。我猜，她正在全心全意地高兴着，她的妹妹可以快乐地拥有这个很独特的蜡笔素描经验。

"阿毛，爸爸说可以耶！你可以坐下来喽！"小姐姐好开心地跟她的妹妹说！

小小的小女儿听到了这几个好珍贵的"好啊"，她的眼里，出现一种很罕见的光芒。我一把抱起她坐到刚空出来

💡 心法

> 大女儿这个孩子的体贴很多，同时，也就很有机会累积委屈。所以当我凝视这个孩子的时候，我会想着：决定让妹妹画画这件事，大女儿会不会因为体贴着妹妹想画画，又体贴着爸爸需要回家睡午觉，而心里累积了过多的委屈？答案似乎很有可能。因此，我蹲下身子，很认真地要让女儿知道，爸爸没有要因为照顾自己、照顾妹妹，就让她委屈。这一份带着对孩子的懂的凝视，是我一直努力学习着的。

的皮制小椅子上,奥地利来的画家,开始用英文,还有几句简单的中文,像是漂亮、喵喵、LOOK、看我、看我,和女儿交谈……

在接下来的整整 30 分钟,大女儿都陪着妹妹,提醒着:"阿毛,要坐好喔!阿毛,看画家叔叔喔——"真是温柔极了。而我,当爸爸的,兴味盎然地,看着画家画着,看着女儿笑着。这个留下来给画家画画的新决定,一点都不自动化,同时,实在是太美好了。30 分钟之后,画好了。小女儿好开心地拿着画,和画家与画作一起合照。

温柔,原来可以是很美的祈求

这天的夜里,大女儿睡熟了,小小的小女儿睡不着,爬了起来,走到离客厅不远的贴着这张画的墙壁前。

我看着她,带着笑意。

小小的小女儿拿着小凳子,爬高一点,让自己能够看得更清楚这张画,这个自己,这个自己第一次被这样凝视而且画下来的蜡笔画。她赞叹着说:"爸爸,怎么可以画得这么像喔?!"呵呵,听到小妹妹这样说的这个时刻,是我一整天最满足的时刻。

还好……

还好,有深呼吸,有停留,所以有了这个有温度的时刻发生。

温柔,是一种温度;温柔,是一种触感。我猜,把握着机会,一次又一次的有温度的、有触感的,这样凝视与停留,孩子真的很有机会长出温度,也活出触感。

孩子给出的温柔,让我想起一个短短的小故事。

因为小学二年级的大女儿,在期末考快来的季节,家里开始出现期末考练习卷。我最喜欢看的,是练习卷里的造句。这一天,我看到了这张练习卷里,出现惊喜的造句(见下页图)。

哎呀!这样喔——我看着练习卷里的这个句子,把女儿抱进怀里,说:"谢谢你这样温柔地对爸爸,一次一次地拥抱爸爸,欢迎爸爸回家。"

温度，这样用心地传给孩子，然后有一天竟然如此惊喜地传回来。而拥抱的触感，这样把握机会给出去，然后，一天一天地，也传回来。在故事的发生里，逐渐知道，温柔，原来可以是很美的祈求。

在凝视里,互相取暖

凝视,一天一天地,在受挫折哭哭的时候发生,在委屈不知所措的时候发生。于是,孩子似乎不知不觉中,也内化了凝视的那份温柔,有一天,自然地在姐妹的互动里,悄然成形。下面这两个故事,让我发现,孩子在凝视中长大,真的逐渐学会了互相取暖。

➩ "阿毛来,姐姐陪你!"

这个故事,发生在大女儿 5 岁的时候,那一阵子,每天早晨,我总是在两个小妞妞的声音中起床,有时候是大叫,有时候是一声大哭,有时候是一声咯咯笑。

两个孩子,还真的身心都长得很不一样,小女儿天生气势十足,一副我是老大的模样,而大女儿天生温柔婉约,有好多好多的爱想给出去。

爸爸的鬼点子
原来心理学家这样带小孩

有一天，小女儿坚持要喝下一杯不小心放过夜没有放进冰箱的豆浆，超级注重健康与安全的爸爸，当然不会允许这样的行为，于是，当爸爸的我，瞬间认真严肃了起来。像"霸道总裁"的小妹妹，当然不会第一时间就范（如果"霸道总裁"一被呛声，就点头说是是是、好好好，那还当什么总裁啦）。

小女孩，小小肉肉的手，坚持握着豆浆杯子，一副你再逼我，我就喝给你看的气势！爸爸这时候是不会让步的，拿下杯子，直接拿到洗手台倒掉、冲掉。

小女孩输人又输阵，开始大哭！哇哇哇哇！我因为需要出门做督导，拿起钥匙出门了。两小时后，回到家里，一进门，竟然看到大女儿牵着小妹妹的手，走向我，大女儿说：

"阿毛，来，跟爸爸说对不起，来，姐姐陪你一起说。"

哎呀，怎么这么好，还有姐姐陪着说，真是幸福的小妹妹啊！5岁的小姐姐，知道爸爸的气一时下不去，需要妹妹道歉；5岁的小姐姐，知道妹妹的执拗一时转不过来，需要姐姐陪，怎么有这么好的小姐姐。

这个故事，让我又想起了另一个晚上。那天晚上，我急着出门，因为忙碌的行程耽搁了原本约好的事情，我穿鞋拿钥匙骑摩托车，赶着去。

几个小时之后回到家，听夫人说，大女儿因为担心爸爸很着急，在卧房的床上闭上小眼睛，为爸爸说了一段祈祷词。

回到家的我，听着，好感动，真是贴心的女儿啊！

"你可以剩下痛痛就好"

大女儿7岁的那个寒假，我带着孩子来到东海岸看海。我呢，白天写书，和孩子在海边奔跑、玩水；夜里，在海边安静生火。安静又平凡的生活，珍惜极了。

那天，为了吃那个得到牛肉面比赛大奖的阿牛清炖牛肉面，我们来到了小野柳的海边。大女儿为了要第一个跑到大海，奋力地跑跑跑，哎呀，在石头路上摔了一跤。小女孩大哭着，一边哭一边大叫："我不要跌倒，我不要跌倒，

爸爸的鬼点子
原来心理学家这样带小孩

我又跌倒了,我不要跌倒,呜呜呜呜呜呜……"那是生自己的气的哭声。出来玩,受伤流血,是好倒霉的事情,大哭,在我们家,是很好的一件事。

而 5 岁的小女儿,蹲在姐姐身旁,极其温柔地轻轻摸摸姐姐的手,安慰着、照顾着。

然后接下来这一整天,一路上,小妹妹就这样一直牵着小姐姐的手,照顾着姐姐。这个 5 岁的小妹妹,不知道从什么时候开始,已经长出了丰沛的爱人的能力,我惊讶极了,又有满满的开心!

然后啊,到了晚上,在民宿的房间里,大女儿白天没有走完的情绪,还萦绕着,洗澡前,自言自语地、不怎么高兴地,又说着:"要是我今天没有跌倒,我现在就不会那么痛了,要是我今天没有跌倒,我就……"忽然,一旁的小女儿,开口给小姐姐开导了起来。

她架势十足地说:"*你可以,你不要一直生气,如果你一直生气的话,就感觉你一直跌倒。你可以剩下痛痛,可是不要剩下烦恼。不然感觉你一直跌倒,一直跌倒。*"

第三部分　因为凝视，推开懂了的门

然后，一旁的大家，用充满崇敬的眼神看着 5 岁的小妹妹，空气中，仿佛有一种张大千画出泼墨荷花的落笔瞬间，满满的禅意随着淡淡的色彩晕开……

呵呵，太精彩了！当爸爸的，只能在海浪声里，尽全力地，给女儿拍拍手 心法！

> **心法**
>
> 拍手，是超级棒又很纯粹的太阳能量！特别是当我们真心觉得赞叹的时候，心里很想拍手，然后就用力拍手，拍拍拍，让声音回荡在空气里，震动到身体里，孩子，自然地就拥有了带着赞叹的美丽凝视。

第四部分

Part 4

在对话里，陪孩子长出力量

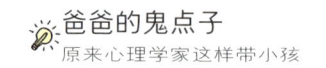

提味辣，让香味不由自主地散发出来

"老板，来一碗红油抄手。"中午时分，觅食的我这样点了菜。

"教授喔，好久不见了！"夜市的抄手凉面店老板胖哥，总是习惯叫我好久以前的职称，很可爱的。

"对呀，一转眼啊。"我笑笑地回答。

"教授要大辣、中辣还是小辣？"老板娘问我。

"哎呀，教授都是提味辣啦！"老板帮我回答。

呵呵，提味辣，是我很喜欢的形容词。提味辣，不让辣抢走了面皮与馅料的你侬我侬，同时，因为那一点点提味辣，让一种在里头、介于之间的香味，不知道为什么跑了出来。

"好问句"之于潜意识直觉资源，就很像是"提味辣"之于红油抄手，用数学式子来说就是：

第四部分　在对话里，陪孩子长出力量

好问句（潜意识直觉资源）＝提味配方（食物）

好问句，指的是可以澄清自己真正想要的问句、可以为自己带来能量行动的问句、可以真正引导自己进入准备状态的问句。潜意识，像是半生半熟的食材，在不懂烹煮的情况下，常常落得身体不适、肚子痛的下场。但是如果因为这样，就诅咒潜意识，不理潜意识，可就浪费了丰盛又新鲜的美好食材了！

所以，如果可以不怕潜意识，用可以自问自答的好问句来和潜意识交朋友，喝口茶、聊聊天、握握手。然后，如果有一天，可以一起交融，那么产生的人生滋味，很有机会美极了！

我想起了一个海边冬天夜里的故事。

➯ 还有要多准备什么吗？

大女儿小学二年级的那个寒假，我带全家去台东住在海边。那个夜里，在太平洋的海浪声里，大女儿正打算生

爸爸的鬼点子
原来心理学家这样带小孩

起自己人生的第一个火。

"爸爸，我这样做，火生得起来吗？"女儿指着她自己堆好的可爱小柴堆。

"爸爸看看，嗯嗯，有留了足够的气流空间，送柴口的方向和烟的方向符合风向，非常好！"我赞叹地说着，像是个自豪自己女儿好棒的爸爸。

"爸爸，还有要多准备什么吗？在点火之前？"女儿若有所思地问着。

哇哇！真是精彩！这个孩子，开始问出好问句了。

"爸爸，还有要多准备什么吗？在点火之前？"这个问句里，孩子问的是："在……之前，还有要多准备什么吗？"当一个孩子开始问了这样的问句，就知道，是时候凝视她的前进了。点火之前，准备了什么，会让这盆火，好好地燃烧，让冬夜的暖暖变成真的？真是个好问题啊 心法1 。

当爸爸的，当然要珍惜这个时刻，因为，如果我帮她找到了答案，她就少掉了一次通过自问自答的方式，暗示

第四部分　在对话里，陪孩子长出力量

自己进入全力准备状态的好机会！

所以，我接着孩子的好问句，用了接续的另一个问句，这样回答女儿：

"对耶，你的问题问得真好，爸爸问你喔，你想要生一个什么样的火？"

这是一个很纯粹的澄清想要问句，让我们可以一起停留在这里，澄清孩子心里面真正想要的，而不是硬灌给孩子一个标准答案。

"我想要火可以不会太小，又可以暖暖很久。"女儿说出了她的想要。

"好呀，点火之前，如果多准备了什么，会让这盆火，更好好地烧，而且可以让我们在海边暖暖好一阵子？"我

心法 1

一个好的问句，常常就是一个触发行动的极佳暗示。一个孩子如果学会了问自己这样的关于准备的好问题，那么他就学会了暗示自己为了想要去的那里而开始的全力准备。而陪伴者，先不给答案，接下去陪着孩子继续这样问，是重要的。

爸爸的鬼点子
原来心理学家这样带小孩

跟着她。

女儿看了看自己的小柴堆,歪着头想了想,说:"可是我这里的木柴不够,啊!我知道了,我要去找多一点的中中的木柴,还有一两根大的木柴,这样可以烧得久一点。"哈哈!最后这几句话,已经是启动行动的暗示了 心法2!

"呵呵,黄阿赧自己想出来,好棒!"我笑笑地凝视着女儿。

"阿毛,我们一起去捡木柴!"女儿呼唤着她的小妹妹黄毛毛。

"你去就好,我要躺在这里,很快乐地看星星、喝果汁。"黄毛毛可是不轻易从众的,呵呵。

心法 2

好的暗示词,常常可以让行动顺畅发生。在这里,女儿使用的语法非常有力量,我们倒带一下刚刚这一句,她说的是:"……我要去找多一点的中中的木材,还有一两根大的木柴,这样可以烧得久一点。"女儿可能是听爸爸的暗示听多了,自我对话的语言里很自然地就用了这样直接连接行动的语法:我要去。

第四部分 在对话里,陪孩子长出力量

7岁的女儿,就在大大的漆黑的海边,拿着手电筒,因为知道自己真的想要生起稳定的一个火,而甘愿地捡起早上涨潮时,海浪打到岸上来的一根又一根的中中的木柴。

而小女孩独立生起的火,真的在冬天的夜空下,燃烧了起来。

我们来倒带一下,用纪录片的连续镜头,细细地回头看看这个海边的夜里出现的几个好问句:

"爸爸,还要多准备什么吗?在点火之前?"

"对耶,你的问题问得真好,爸爸问你喔,你想要生一个什么样的火?"

"我想要火可以不会太小,又可以暖暖很久。"

"好呀,点火之前,如果多准备了什么,会让这盆火,更好好地烧,而且可以让我们在海边暖暖好一阵子?"

"啊!我知道了,我要去找多一点的中中的木柴,还有一两根大的木柴,这样可以烧得久一点。"

好的暗示其实就是在很多的"我想"和"可是"之间,

找到我"真的知道可行又想这么做"的路径，然后，跟自己说："是的，这是我真的要的，我要这样准备，然后让行动和计划带我走去那里。"因为澄清了真正想要的目标，然后想想可以多准备什么，就很有机会绕过那些"可是"，搬开那些"但是"。

和潜意识沟通，并不难，如果在生活里有了和自己好好说话的暗示，或逐渐拥有带来行动的自我对话问句，那么，就有了和潜意识这个好朋友沟通的发生。而给自己好的暗示，也并不复杂，其实就是真心诚意地跟自己的潜意识好好地说一段话，有了一个商量，于是，那些"我想""我要"，就有了大大的天空得以飞翔。

提味辣，是一种神秘配方，让半生半熟的食物可以因为神秘配方的加入，而有了更意想不到的香味。而好问句，是一种引线，是一段阶梯，让半生半熟的潜意识和直觉，因为细致地引导与烹煮，而有了一整锅冒着热气、逼出香气的美味。

第四部分　在对话里，陪孩子长出力量

长出力量，长出自由与温柔

在一个好特别的二月，我和大女儿有一个特别的约定。大约10个月前，我就跟大女儿说好，她读小学二年级的这个寒假，爸爸要单独带着她来台东骑脚踏车。

当然，旁边的小女儿会问："为什么？那我呢？"所以，也跟小女儿说好，3年之后等她到了小学二年级时，也会有这么一次特别的爸爸陪她骑脚踏车之旅。

旅程，常常是从预告、计划、想象，就已经启程了。会有这样的点子，不是从电视里很红的《爸爸去哪儿》综艺片来的。会想单独带女儿去台东骑脚踏车，是因为好朋友锦敦。好几回我们一起开车经过台东海岸边，他都会指着海滩旁的自行车道说："还好儿子小学三年级那一年，我有带他来这里骑脚踏车。"

生命中的那些"还好"，都让我们在年老将至的时刻，可以依然摸摸心口，有一种好险没有错过这段岁月的安心。每回，我听到好朋友说话时，说到"还好"，我总会在心里记下来。然后问自己：

"朋友说的这个'还好'，我想不想在自己的这一段生命里发生？"

锦敦的这句"还好"，大概说过四五次，所以我猜，那一定是很珍贵的"还好"。于是，我又特别认真地问了自己好几回，每一次，都觉得要做这一件事情实在很困难，同时，也有一份跃跃欲试的心情。于是，在去年、前年，两年的准备里，每隔半年就让自己进步一点，从带孩子出门3天，到5天环岛，到年初的全家9天之旅，我猜想，我和女儿，彼此都更准备好要上路了。

耳朵、眼睛都极其敏感的我，总是习惯一个人在自己的床上入睡，两年多来，慢慢地，在旅程里可以在孩子的呼吸声、翻身的声音里，有机会多入睡一些了。同时，我知道，大女儿极其眷恋妈妈，这会是她7年的人生岁月里，第一回和妈妈分开，与爸爸单独相处3天。所以，这段准

第四部分　在对话里，陪孩子长出力量

备的过程，漫长而渐进。

出发前的几个星期里，中间好几度，夫人有点担心地问我："你确定女儿准备好了？"

"我猜，她没有准备好的时刻。同时，我觉得只要出发，她就会开始动用资源、呼唤力量，然后准备可以正在发生。"我没有十足的把握，但信心满满地说。

启程前一天，眷恋母亲的女儿黄阿赧大哭了30分钟，哭到不能自已。我深呼吸又深呼吸，一次又一次地说：

"黄阿赧，哭哭很好，很爱妈妈，所以可以这样哭哭。"

"黄阿赧，今天晚上在这里，明天晚上在台东，不管你怎么哭，爸爸都会照顾你、疼你，一次都不会生气。"

女儿哭哭想妈妈，在历史经验里，当爸爸的我，会照顾到后来的恼羞成怒。那些女儿2岁时、3岁时、4岁时、5岁时，我都曾出现在心里的话是："是怎样，爸爸这样用心照顾你，你都收不到，你就一定要妈妈，呵！"

这是无效的自我对话，所以，换掉它。

无效的自我对话，在情感传递中接收无效的内在对话，

勇敢地换掉它。换成的新的话语，心里跟自己说："来，要做到。3天，爱女儿，也生长自己的力量。"

之前的挫折经验，不只种在我的心坎里，也种在女儿的心里。所以，要换掉，就要说好几次，然后，用行动与新经验，真的换掉。所以，找机会，就再说一次："黄阿赧，爸爸跟你说，到了台东，你如果很想很想妈妈，即使大哭30分钟停不下来，爸爸都会照顾你，一次都不会生气。爸爸会抱着你，继续疼你、爱你。"

要做这样的保证，是决心，也知道，大自然里我有最顺畅的自然环境帮助我可以接收爱、传递爱。同时，我也知道，已经连续做了一百多天的早晨安静练习，给了我很多稳定的平静与力量。所以，说了，就来真的，让新经验有机会发生。

邀请孩子进入"好好思考"的状态

旅程开始了，6个小时的车程，从西部，翻山越岭到了东部。夜里，我们在太平洋海边，女儿已经熟练地搭起

第四部分 在对话里,陪孩子长出力量

了她自己的柴堆,用火柴点火,烘烤小番薯,还一边生火,一边跟民宿另一间房的小妹妹小姐姐说着生火要怎样搭柴堆、给空间、加柴火,才能生得起……

我在自己的火堆旁,看着3米外的女儿的背影,用木棒拨着柴火的模样,数度触动几乎落泪。前一回,一样的生火场景,也才不过几个月前而已,那一次,女儿还连一根火柴都不敢划下去呢!

那天傍晚日落前,我们有一段很有意思的对话:

"爸爸,我们晚上要生火吗?"

"我要。你呢?"我为自己的选择发声,把女儿的选择留给了她。

"嗯嗯嗯嗯……"小女孩陷入思考中。

"可是,如果要生火,就要先去捡柴火,那很累呢!"小女孩继续挣扎中。

孩子挣扎了,就是内在对话激烈进行的时刻,这是绝佳的思考训练与价值观澄清的时刻。这个时刻,我通常都是给出完整的时间,尽量不介入,然后集中力量给出最大

爸爸的鬼点子
原来心理学家这样带小孩

的空间。

"爸爸,怎么办?"

"呵呵,好好想一想喽,看看你想要怎么使用晚上的时间 心法1 。"

"嗯嗯嗯嗯……"小女孩继续进入长长的思考状态,而我,修改着新书的书稿,在夕阳余晖里,太阳,落在都兰山的第三个山峰的顶端。在最后一道夕阳消失之前,女儿开口了:

心法 1

"看看你想要怎么使用晚上的时间?"这样的问句,不是为了让这个夜晚可以顺利度过的功能性问句,而是一个邀请孩子进入"好好想""好好思考"的状态的重要问句。换句话说,这样的问句,不是想要快速地找到一个答案,而是陪着孩子进入好好思索的状态。因为孩子长大的路途里一次一次地被这样的问句围绕,不知不觉中,很可能也学会这样问自己,因而真的能好好地思考。我们期待的,是未来在孩子青春期的时候、读大学的时候,或者当身边人胡乱过日子、胡乱挥霍青春的时候,孩子会想起这一个问句,然后闭上眼睛好好地问:"亲爱的自己,我想要怎样使用这个晚上的时间?我会想要怎么使用我接下来的时间?"

第四部分　在对话里，陪孩子长出力量

"好，爸爸，走，我们去捡木头。"

清晰又有力量的声音出现了！当孩子的念头挣扎有了自己的出路与决定，那么，就是陪她行动的时刻到了。思考，要靠她自己摸索，而行动，陪着她，特别是刚开始的阶段，会很美。

我们父女，走了长长长长的沙滩，在冬天，满身大汗地走回来，回到即将要生火的地方，大地已经全黑了。因为黑夜悄悄降临，所以安静特别丰厚，两个火堆，一个大的，一个小的，10分钟之后，悄悄地在海岸线的弯弯那里，已经生起。

夜里，柴火退去烈焰，成了像是红宝石的温润色彩。民宿另一间房里住的小妹妹，已经在房间里开心地享用着我们吹海风时现烤的热腾腾小番薯。8点多，生起火之后的一个多小时，透过柴火光影，我看过去女儿的背影，低垂。

我走过去，弯下身，轻声地问："黄阿赧，你是不是想妈妈了？"女儿抬起头来，哎呀，已是满脸泪痕……我抱起女儿，让她在我的怀里，拨电话给妈妈，嘟了几声之后

接通，哭声马上来了："妈妈！哇哇哇哇！我要你来陪我！妈妈！"孩子的哭声在海风里特别凄凉。我继续添着柴火，也准备带孩子回温暖房间的被子里，我能做的，就是提供温暖的堡垒。

如果女儿要的，是母亲的那个怀抱，认了。

如果我还可以给爱，可以给出一个让女儿尽情想念妈妈的空间，那我就给。

女儿的哭声，没有意外。女儿的哭声，充满思念。

女儿一边哭一边跟妈妈说再见，说等一下睡前再打电话给妈妈。于是，我们熄了火，灭了灰烬，进了房。女儿，在新的经验里，确定了爸爸之前说的"哭哭想妈妈的时候，爸爸不会生气，会疼她"，已经真的发生了。真的发生了，新经验已经不是想象的了，这么一来，新的大脑数据库，就开始种下了新的记忆。

在新的记忆底下，新的思考与行动常常就不一样地跟着到来了。女儿回到房间，洗了热水澡，擦干，换上熟悉的睡衣，女儿开口了：

第四部分　在对话里，陪孩子长出力量

"爸爸，我决定等一下不要打电话给妈妈了。"

"喔？那你想要的是？" 心法2

"我怕我打电话给妈妈又会哭哭停不下来，所以我决定等一下传语音信息，我在那里跟妈妈说话就好了。"女儿挺笃定地说着自己的新思绪。

"哇！好方法，你想出好棒的方法耶！"

"对呀，我觉得这样比较好。"女儿似乎也对自己想出的新决定挺满意。

这个夜，比往常更安静、更满足、更温馨。我们父女俩，和预期的很像却又出乎意料地，度过了第一夜的大挑战。

心法2

"不要"的后头总有一个"想要"。所以，当我听到女儿说不要的时候，很自然地会往下问出她的想要。当孩子的想要被听见了，又有机会找到实现的好方法，那么孩子就更能处在资源状态里，进而找到自己偏好想要成为的那个自己。

爸爸的鬼点子
原来心理学家这样带小孩

🡆 如果想让孩子学会思考,可以先从"自己也这样想"开始

一夜过去了,清晨醒来,女儿已经跟民宿女主人在木头露台的吧台边聊开了呢。我独自赤脚走向大海,一如往昔,在我喜欢的海滩弯弯那里,双手合十,问自己:"生命的这个时刻,我最想创造的是……" **心法3**

海浪一波一波徐徐地涌入、退去,涌入、退去。沙滩上,出现了美丽的纹路。成千成百的小石子,在一大片的细细沙滩上,在海水退去之后,会有一两分钟,形成线条形状十分细致的纹路形状,像是一个又一个的扇贝形状。

💡 心法3

"生命的这个时刻,我最想创造的是……"这样的问句,是我几乎每天早晨都会问自己的问句,通过这样的澄清问句,有觉知地经营每一天想活出的样子。我也偷偷地盼望,当孩子一天一天看着自己的爸爸这样好好地问自己,当她们长大以后,遇见迷茫的岁月里,也会忽然想起可以这样问自己:"生命的这个时刻,我最想创造的是……"有时候我会觉得,如果想让那个孩子学会怎么想事情,可以先从让自己也这样想,来起步。

第四部分 在对话里，陪孩子长出力量

"自然的纹路。"这个声音从心底跳出，这个声音从大自然里顺畅传入，告诉这是我生命这个时刻很想创造的。对，自然的纹路。不强力的切割、不逆纹的挖凿，柔柔似水的涌入、滑动、牵引小石子、滑落、轻轻地拉动无数的小细沙，于是，扇贝的弯曲形状、自然的纹路，忽然来了。

二十几三十岁，奋力很重要也挺必要；四十几岁五十将近，顺应自然忽然重要了起来。好呀，"自然的纹路"，欢迎，欢迎，欢迎。二三十的年岁，奋力很多很多，拼劲很坦荡；而四五十的年岁，自然的纹路很美，同时，依然可以有奋力的时刻。

踏着沙滩的我，忽然想起《中国好歌曲》里的年轻女孩苏苏，唱着她望着大海的创作曲《野子》，搭着高铁听着耳机的我，连着听了二十几次，落泪二十几次。

"怎么大风越狠，我心越荡……我会变成巨人，踏着力气踩着梦……"

哎呀，这样的勇敢，这样的力量，真怀念这年轻岁月的无惧和力道。于是，我呼唤自己好久不见的勇气与奋力，

来到自然的纹路这里，一起。于是，能够创造这个，就来创造；不能拥有那个，就不强求。能够这样弯弯地美，就欢迎美的到来；可以那样柔柔地笑，就整个人给出微笑。

想奋力陪女儿三天两夜，就真的卯起劲来勇敢地试试看。觉得需要大块的时间书写，就奋力地挪出时间、空间，好好地写出这段岁月最能创造的。谢谢老天爷，给了我这么好的信息，逐渐拥有自然的纹路，给自己一个奋力又勇敢的生命。

女儿曾经说过，她跟妈妈在一起的时候，温柔比较多；她跟爸爸在一起的时候，勇敢力量比较多。

这一次三天两夜的小旅行，当我看到女儿傍晚洗完澡之后，在我的视线里，自在又尽兴地，学狗狗尿尿挖沙的超级好笑模样，全身上下，衣服裤子都在海滩上打滚！（她知道洗好澡之后，玩沙很可能会被妈妈制止，而爸爸，却是会哈哈笑的。）

看着这个在沙滩上打滚的女儿，这个我从来没有见过的她的模样，我笑得好开心好开心！因为，这个孩子，跟

第四部分 在对话里,陪孩子长出力量

爸爸在一起的时候,除了力量,忽然之间,自由也长了出来。

有了新的互动,孩子,就呼唤出了新的样子。

爸爸的鬼点子
原来心理学家这样带小孩

更亲近孩子，也让孩子更自由
——拉筋延展句型

大女儿7岁那一年的年底，我去了趟日本，想说，看着神户白白的冬天的雪，会不会写出更心里的文字。同行一起去日本的朋友，在丰富的行程里东奔西跑，快乐极了。而我，安静地一天一天，找了神户温泉村子里小小的白色咖啡厅，写着我的新书。就在那家小小咖啡厅里，收到夫人传来的黄阿赧的画作，女儿，正在梦里思念爸爸呢！

第四部分 在对话里，陪孩子长出力量

孩子的心，单纯干净。于是，画的画，直接到连一个弯都没有拐。思念爸爸，就画了一张这样做着梦的画，画里梦到爸爸拉着行李箱，背着背包，回到家了。梦里，黄阿赦开心地笑着在门口迎接爸爸！

这张小小的画里，女儿自己有 3 个表情。睡着躺着的自己哭哭，上头写"我好想爸爸"的表情脸也哭哭，而迎接爸爸的那个挥手的女儿笑笑。同时，两个情绪如此平和地并存着。

哭哭的自己，因为想念；笑笑的自己，因为梦到爸爸回家了的快乐。没有哪一个情绪推走了另一个，都在，都是，也都表达。真开心，孩子这样在生活里，在思念里，已经自然地让不同的内在部分可以并存了 心法。

夫人传来的女儿画的第二张画，看起来，是一条思念的蜿蜒步道，往前延伸着。

> 💡 **心法**
>
> 并存，是与内在不同情绪不同部分和平共处的方法。

那次的日本之行,是五天四夜的安排。我星期六出门,星期三回家,所以,画上头的"六、日、一、二",是女儿预计自己看不到爸爸的四天,星期三没有画上去,因为知道那天爸爸就回家了。

星期六,红色,表情还好。

星期日,黑色,难受大哭。

在神户温泉的小小白色咖啡厅,收到这张画的我,瞬间"哎呦"了出来。整个,没有保留的、充沛的思念都传过来了!心疼孩子这样想念,回到家之后,我答应女儿,接下来一段日子,爸爸出门的日子,控制在4天之内。答

应女儿四天三夜是最多的,短期之内,不再安排 5 天以上的行程,包括工作坊在内。

难受,如果传达了,又被接收了,那么这份难受就不孤单了。完整地表达,是我长大以后,三十几岁之后,才学会的。这个孩子,7 岁,已经这么自然地就能做到了。

关于呼唤

能够有一份感受,能够通过文字、通过画画表达出来,又被完整地接收,这时候,孩子的内在管道就自然地畅通了。而有意思的是,女儿对爸爸思念的完整表达,是在妈妈的陪伴氛围下发生的,这让我想来多说一点点"呼唤"的主题。孩子似乎和谁在一起,就常常被呼唤出某一部分的自己。女儿和妈妈在一起,会被呼唤出温柔、浓情、情感充沛的那个她;而女儿和爸爸在一起,被呼唤出来的,很不一样,有力量、有自由、有照顾、有欢迎、有控制感。

来看妈妈呼唤出来的这些:温柔浓情、情感充沛、情绪强烈,有时候强到控制不了。这几个,其实都是同一块。

说穿了，就是"情浓"。温馨、舒服的时刻，情浓，是甜蜜的空气；而冲突难受的时刻，情浓，是冲撞的汤底。那个在怀里甜甜蜜蜜依偎着的小东西，亲近的连结让我们极其眷恋；同时，同一个孩子，那个哭哭停不下来时，哭天抢地的样子，是要深呼吸好多次才有机会接住一点点呢。这两个"情浓"表现出来的模样，都是她，都是我们的7岁的女儿。

知道这些是被呼唤出来的，就多了一份理解，所以有机会深呼吸一口气，跟自己说："这个孩子，跟我在一起的时候，这些部分的密度特别高。"

那女儿跟我一起时，呼唤出来的是什么呢？力量、自由、照顾、欢迎、有控制感，这几个听起来都挺正向的，其实不然。

我访问过女儿："黄阿赧，为什么你和爸爸在一起的时候，不容易哭哭停不下来，而且还常常可以想出办法来？"

"因为爸爸比较容易累，所以我要快一点想出办法来。"

我接着转头问那个刚刚在餐桌上跟妈妈呛声的小女儿：

第四部分　在对话里，陪孩子长出力量

"阿毛，为什么你跟爸爸说话的时候，不会像跟妈妈这样生气很多很多？"

"因为我跟妈妈比较亲近啊！"小家伙连想都不想就说了。我知道，这是她真心的答案。

原来，因为亲近，让孩子在妈妈的面前，更自然地做自己，更自然地、没有压抑地表达着情绪呀！我深呼吸，接收着孩子给我的真实答案。

这个刹那，我终于懂了。有些时候，我负责照顾两个孩子一整天，两个孩子乖乖地玩、乖乖地睡午觉、乖乖地收玩具，到了傍晚，妈妈一回家，我和妈妈一换手，两个女儿会瞬间似乎是被按了一个按钮似的，5分钟时间不到，这个哭，那个闹，这个吵，那个呜咽。

原来，不是因为妈妈不会照顾；原来，不是因为妈妈宠坏了她们；原来，不是因为我的方法比较厉害；原来，原来，是因为，她们和妈妈比较亲近。因为安全，因为舒适，所以，里头有的情绪、拉扯的力量，通通都把握机会，倾巢而出，呼喊自由！

原来是这样。好。知道了，就来尊敬那一份专属于母亲与孩子之间的亲近连结，那一份从喂母乳就开始，从怀胎开始就已经与脐带连着的亲近连结。

如果拉开了自己的这条筋

消化了这个新的理解好几天之后，我跟小女儿说：

"阿毛，爸爸要来想办法，多和你亲近，爸爸每个星期一去接你放学，然后带你去公园玩球，好吗？"→**拉筋延展句型一**

我也跟大女儿说："黄阿赦，你跟爸爸在一起的时候，如果很想哭哭难受，爸爸是 OK 的喔～"→**拉筋延展句型二**

跟大女儿说出这句话的我，内在有两个部分：一部分的我知道，自己可以自然地呼唤出孩子的力量与情绪控制感；另一部分的我，并没有要因为这样而忽略了孩子情绪的表达，同时，我想办法要再往那个方向多努力一点点，让孩子也有机会在下一次的互动经验里，知道跟爸爸在一起的时候，不用刻意地压抑那个情感澎湃的自己。

第四部分 在对话里,陪孩子长出力量

这样的延展性的对话,像是拉筋似的,把原本固着在一个边边的自己拉筋展开,让更多的可能、呼唤能够进来。于是,孩子就更有机会,在我们的面前,更没有畏惧地活出那个真实的自己。于是,孩子真的知道,自己在家里,可以有不同的样子,可以勇敢、可以脆弱、可以贴心、可以耍赖,可以快乐大笑、可以哀愁落泪,于是,这些真实的种种,可以在这个港湾里,都存在,都表达。

带孩子长大,真是一件骄傲不得的事情啊!

找到自己想要延展拉筋的地方,试试看完成下面的句型。

拉筋延展句型一:

"_____,我想要多和你_____,我们_____,好吗?"

拉筋延展句型二:

"_____,你跟我在一起的时候,如果_____,我是 OK 的喔!"

关键时刻,给出孩子需要的陪伴

——安稳句型

周末,是我很常外出带工作坊的日子。大女儿6岁时的一个周末,难得我没有排工作,夫人一早说,听说有一个生态公园,可以带孩子踩踩水。好呀!越来越能和两个女儿一起出游的我,很开心地说好啊!

开车大约20分钟,一路上,两个小妹妹非常认真地和爸爸一起合唱昨夜我教她们边动边唱的《三八阿花吹喇叭!》。两个小妹妹得到爸爸的真传,唱起歌来,动作语气夸张又热闹非凡。车上,大女儿问她的妹妹:"阿毛,你觉得我比较搞笑,还是爸爸比较搞笑?"

阿毛:"爸爸。"

大女儿追问:"你上次不是说我比较搞笑吗?"

小女儿:"对啊。"

第四部分　在对话里，陪孩子长出力量

哈哈！我哈哈大笑，开心的是，大女儿这个认真学习、在意细节、有点太听话的孩子，如今竟然想要认同自己是搞笑的。这么一来，认真的她，加上搞笑的她，就有了很好的平衡点了。

我有时候会想，孩子，不是"不要太怎样"，比如，不要太认真、不要太松散、不要太奸诈、不要太为别人着想。而是，"有什么，加上什么，会很好"。比如，"有体贴，加上可以为自己的需求发声"；或者，"有勇敢，加上有一份细心与注意危险的征兆"；也可能是，"有聪明，加上能单纯地接收爱"。

当贴心、认真、听话的大女儿，竟然邀请越来越多的搞笑幽默上身，这个属于她独特的生命神秘配方的搭配组合，让当爸爸的我更放心了。

当孩子想要冒险时

到了生态公园，小女儿喜欢上了一只白色的真的活的鸭子，就在池边摸鸭子。大女儿拉着爸爸的手走来走去，到处看、到处找好玩的地方。几分钟以后，她发现了一个水道，水道的高度要弯腰才进得去，上面是一座挺宽的桥，水道是黑暗的，整个水道不短，粗估大约有 15 米。

小女孩拉着我的手，驻足在阴暗的水道前，水道口有蜘蛛、蜘蛛网，水道里头暗暗的，不知道有什么。水道里，腰一伸直，头就会撞到上面的墙顶，我弯腰看看，墙顶的小蜘蛛还不少。

小女孩驻足许久，我心里想："这个不太冒险的女儿，是不是今天想冒险呀？！"哎呀！这下子可好玩了。

我没有说话，就只是拉着女儿的手，站在水道口大约有 3 分钟之久。我用水，轻轻泼蜘蛛网，蜘蛛一只一只迅速地从入口移走，小女孩从岸边剥下了一段植物藤蔓，也自己动手，拨掉一些残留的蜘蛛丝。这孩子，好像准备好了要走进去了耶，当爸爸的，又期待，又有点担心。

水道的尽头，透进来一点光，似乎，没有很明显的危险存在，我心里想，让这个孩子试试看探险吧！小女孩弯下腰，决定了。

第四部分　在对话里，陪孩子长出力量

她，就这样勇敢地走进了洞口。我深呼吸一口气，拿起手机，拍起了视频，打算为孩子留下记录。

她蹲着身子，在有点滑的石头与水流间往前慢慢移动，这孩子，有小心，也有前进的力量，一步一步，我都听得到我自己紧张的呼吸声音，我在洞口，却好像在里头一样。

我没有停止地，鼓励着她："黄阿赧加油，你移动身体移动得很好喔！"

走到一半，女儿从洞里传来哭声。女儿求救地，回头看着我，她的声音说着："有好多尖尖的东西，会动，我怕……呜呜呜呜……"哎呀，是好多好多的小田螺，像是我们小时候吃的烧酒螺那种，在阴暗的水道里，繁殖得很好，一颗石头上，大概就有十几二十只，踩上去，尖尖刺刺的，还会动。小女孩怕了起来，一下子，害怕的心，超过了想冒险的勇敢。

小女孩哭哭，回头看着爸爸。

我心疼了，我说："来，先转头，慢慢回来，下次我们穿鞋子再来走过去。"女儿，转头，移动着身体，伴随着眼

爸爸的鬼点子
原来心理学家这样带小孩

泪哭声,从洞里没有阻碍地传到我的心里。女儿回头向洞口这里的我移动的同时,有一个刹那,她转头去看原本想勇敢挑战走去的出口那里传来的光线。

那一个刹那,我看懂了,我没有要放过这个刹那。

我猜,这个孩子,害怕的同时,不想就这样放弃想探险的心,所以回头看了一眼出口的光线,不想就这样离开自己当初走入洞口时的决定与勇气。我读懂了那个刹那的回首,于是,我说:"黄阿赧,你是不是还想试试看?"

女儿,哭着,却说:"对。"

于是,我关掉原本在录像的手机,然后敏捷地钻进那个原本我以为我钻不进去的洞口。我快速地移动身体,来到女儿的身旁,和她一起看着水底石头上满满的尖尖的小田螺,我说:

"黄阿赧,害怕没关系,爸爸在这里。" →安稳句型

"黄阿赧,来,爸爸教你,轻轻地拨,就可以把小田螺拨走,你看——"

女儿的眼泪还挂在脸上,就已经开始动手跟着爸爸一

第四部分 在对话里，陪孩子长出力量

起做了。

"哇！真的呢！"

"黄阿叔，爸爸跟你说，害怕没关系，爸爸陪你。"

"爸爸跟你说，人生不会永远都顺利，有时候就会像这样，要把挡在前头的这些那些东西推开，拨开，然后再试试看。"

"爸爸跟你说，你以后去读大学，如果心情不好，不用自己一个人哭哭喔，可以打电话给爸爸喔，爸爸会像现在这样，陪你喔！爸爸大学的时候，考试考不好，都一个人在浴室哭……你到时候可以打电话给爸爸喔。"

小女孩点点头，继续拨着前进道路上的那些原本的阻碍。

我们就这样，肩并肩，低着弯着身子，一步一步地，迎向出口的光芒。

3分钟以后，黄阿叔小妹妹，就又自己进了洞口，自己走过刚刚爸爸陪着她的那段路程。但是，这次，她从头到尾，自己在黑暗的水道里前进，用自己的手，拨开，前行，然后自己迎向出口的阳光。

爸爸的鬼点子
原来心理学家这样带小孩

这一天，我有真的当好爸爸；这一天，我有陪伴女儿的勇敢，我有陪伴女儿的害怕，我有陪伴女儿的不想放弃；这一天，还好，我没有白活。

找到想要陪伴孩子面对紧张害怕的地方，试试看完成下面的句型。

安稳句型一：

"＿＿＿＿，我跟你说，害怕没关系，我陪着你。"

安稳句型二：

"＿＿＿＿，我以前＿＿＿＿的时候，有一次＿＿＿＿＿＿，也有过这样的心情。"

第四部分　在对话里，陪孩子长出力量

当考卷来到孩子的世界里

那时，小学一年级的大女儿，正迎接着人生第一次期末考，考语文和数学。说实在的，我真的不知道要用什么样的心情和语言，面对孩子的考试。我会做的、能做的，只是忍住原本所有的反应。

从小，考满分是被期待的、被鼓励的、被奖励的。考试前用心准备，考试时绞尽脑汁，考完后期待发考卷，回家期待被奖赏，那是我成长的记忆啊！

小学、初中、高中，我都会在发考卷时，偷偷瞄隔壁同学考的分数比我高还是比我低。就这样，自动化地进入比赛的世界。45岁的我，回首自己的长大学习历程，捏了一大把冷汗。如果有一天，眼光不看分数，那要看哪里？我还真的一下子找不到答案呢！

好，找不到答案，那我唯一能做的，就是不回去习惯

的那条路。然后看看，有什么会发生！

🔖 孩子人生的第一张考卷发下来时

那个中午，我去小学围墙边的家长等候区接女儿。小女孩一如往常，开心地远远跟我挥手，我蹲下来，抱女儿。

"爸爸，我语文考99分喔，可是我数学考很烂，82分。"

"这样喔——"（呵呵，我不知道要怎么回应，只好说："这样喔——"）

"对啊，不知道99分老师会不会给我奖状？妈妈说，只要我有用心准备考试，写考卷时有自己检查看看，妈妈就会自己做一张奖状给我喔。"

呵呵，夫人的智慧明显走在我的前面，"用心准备"是夫人想要孩子拥有的眼光。

刹那间，我突然知道我的眼光要在哪里了！

孩子，会喜欢什么、会享受什么，会在哪片海洋、哪块陆地、哪片天空，最自然流动地活出她想要的模样！我

第四部分　在对话里，陪孩子长出力量

想要让我的眼光，望向这里。

孩子，能觉察自己，能表达自己，能快乐，能大声地捍卫自己，能温柔地对待身旁心爱的人！我想要我的眼光，望向这里。那，成绩，分数，就真的只是帮助孩子顺畅往前走的一部分了。不是全部，只是部分，只是很多人强调的部分。思考着，感觉着，忽然之间，当爸爸的我，眼光，开始知道往哪里摆了。

知道，只是开始，孩子带着考卷回到家，故事正要展开。

回到家，夫人看着女儿 82 分的数学考卷，听着女儿说："我数学没有检查，我不想检查。"

突如其来地，夫人一份失望涌上来。她是用心地教着大女儿，要用心准备，认真写考卷检查考卷的。当然，这时候的失望很大。

女儿，挨到我身子旁，因为母亲的失望其实不小，敏感的女儿，害怕了起来。她挨在我身子旁，开始哭泣。我抱着女儿，说："黄阿赧，你自己考 82 分，是不是也有挫

折?平常爸爸看你写数学题目,都是一下子就完成,你是不是自己也没有想到会考成这样?"

6岁的女儿,从小声地哭泣,一下子大声哭了起来,在大大的空间里回荡着。

我看着夫人,怀里抱着女儿,继续说:"黄阿赧,爸爸看你难过,爸爸也心疼。我猜,妈妈是很希望你学会用心准备,然后认真考试,细心检查,把你会的,写出来。"

女儿,依偎在我怀里,有一份安全,也有一份失落。

幼儿园里3年多没有压力的学习,怎么一瞬间,当小学考试来临的时候,世界就变了。我想象孩子这么小,而这么大的变化,大人们又那么理所当然,孩子的心,可是不知道怎么适应的呀。

我看着夫人,说:"这个孩子,7月生,是全班年纪最小的,虽然身高是最高的。"唉,心疼涌上心头。

我跟女儿说:"黄阿赧,偶尔错一题两题,没有关系,只要记得有用心准备,好好检查,错一题两题是没有关系的。你是很好很好的孩子,你很贴心,你很爱爸爸妈妈,

第四部分　在对话里，陪孩子长出力量

你是很好很好的孩子，知道吗？"

女儿在我怀里，点点头，眼睛看着爸爸，她问着："爸爸，你小时候考试也会有错的吗？"

我抱着女儿，想起了小时候的自己。

"黄阿赧，爸爸跟你说，爸爸小时候，常常都考满分，很少很少会有错的。爸爸总是很小心很小心，做了很多练习，然后一次一次拼命地检查，然后要很确定没有任何一题是错的，然后爸爸其实没有希望你这么小心翼翼，这样太紧张太辛苦了。"说到这里，眼镜上都是雾，我的泪水止不住地，一颗一颗地掉落在女儿的衣服上。

一边掉着眼泪，我笨拙地又说一次："爸爸跟你说，错一题两题没关系，在爸爸的心里，你是很好很好的孩子。"

我的父亲母亲，都是老师，他们的人生，一大半都是靠考试高分而成就的。他们拼了命在很辛苦的环境里，努力读书，努力考试，才能考上师范学校，后来才能当上老师。在他们的生命里，考试、分数，是很大很大的视线焦点。他们这样教我长大，让我一路平顺的念了不错的学校，对

于我的人生，对于我能力的培养，有很大的帮助。

所以，我真心不是怪着谁。我只是，突然，心疼了起来，6岁、7岁、8岁、9岁、10岁、11岁、12岁、13岁、14岁、15岁、16岁、17岁，还有18岁的自己。那个小心翼翼每个细节，深怕一不小心在某科考卷上被扣了一分两分的小男孩。

突然，那么多年的记忆让自己都一起心疼了起来，所以，泪水止不住地掉落，滴在躺在我怀里的6岁女儿的衣服上。女儿眼睛亮亮的，用腰撑起了身子，抬头，热热地吻了我的脸颊。

我很触动，我说："黄阿赧，谢谢你爱爸爸。爸爸跟你说，这是你人生的第一次期末考，你接下来的人生，还会有好多好多的考试，爸爸希望你把重要的东西学起来，但是不用像爸爸一样每次都要考满分，偶尔错一两题没有关系，知道吗？在爸爸心里，你是很好很好的孩子。"

笨拙的我，其实，找不到语言。

笨拙的我，脑海里自动化的语言，都是和"考试很重要、分数很关键"有关；自动化的文字语言，都是拿来鼓励孩子更小心、更拼命、更表现杰出和完美的。而笨拙如此的我，当着笨拙的爸爸，就只能忍住，不说那些自动化的声音。

▷ 当考卷又发下来的时候

一转眼，考卷进到孩子的世界里，已经来到第二年了。

那一天晚餐时间，我刚从外地带完工作坊回到家里，两个女儿，极其眷恋地，窝在我身上。我左腿上坐着大女儿，右腿上挂着小女儿，她们两个你一句我一句的，迫不及待地跟我说着这几天她们发生的事情。

刚过的星期四，发考卷。大女儿小学二年级，月考，已经是她生活中熟悉的步调之一了。已经来到了第二年，我却依然不太知道怎么面对女儿考试、发考卷、考几分。

我隐隐地觉得，成长过程里我自己实在是太重视分数了。当学生的时候，每回发考卷，我一拿到总会先看分数，然后看自己到底错在哪里。我依稀记得小学中高年级时，要考五六科的那个年级，只要有一科没有100分，我就会觉得自己不够好，还要更进步。这样的长大，严格的自我要求，心理健康方面是很辛苦的。我隐隐地觉得，如果我的孩子，不像爸爸那么看重分数，会不会，自由快乐多一些？

所以，星期四这天中午放学，大女儿一看到爸爸，就窝到我胳肢窝里，说："爸爸，我语文考97，数学考95。"

依然不知道怎么回答的我，还是像去年一样，说："这样喔——"

走了几步，又多加了一句："你喜欢这个分数吗？"

小女孩倒是没有直接回答这个问句，她说："嗯，我想要两科都97分。"

这孩子，也不知道怎么学的，就这样自己说了自我要求进步的话语。我心里一方面因为孩子有想努力而放心，另一方面，也担心着，这样的自我要求，会不会阻挡了孩子快乐丰富的可能。

傍晚，饭桌上，大女儿拿着她的两科考卷对着她的爸

第四部分　在对话里，陪孩子长出力量

爸和妈妈，用轻松好玩的口气问着：

"谁要看语文？谁要看数学？"

呵呵，我转头跟夫人说："这孩子可以用这样的心情问我们谁要看考卷，真好！"

我举手："我要。"

还没有说完，女儿就已经把语文考卷拿给了我。我一拿到考卷，跟自己小时候一样，不自觉地，先看分数，然后就快速地要找哪一题错，错在哪里。

忽然，我深呼吸上来，我听到自己心里的声音："一定要这样吗？"

深呼吸又来一次。我决定，打断，我原本的习惯。这样，我的孩子才有机会学会新的视野看人生，看自己。

我跟自己说："来试点新的，好吗？"

我的眼睛，没有往下找那个红笔打叉扣分的所在，我的眼睛，停在最上面的第一个打勾得分处。

我瞬间微笑了。

我看着第一题，用开朗的声音说："黄阿报！你已经会

爸爸的鬼点子
原来心理学家这样带小孩

写'鬼'这个字了喔?好棒喔!爸爸小时候写鬼这个字,都会怕怕发抖,那个弯弯的地方很难写。"

女儿微微笑。我猜,爸爸的反应,跟好多她身边的人都不太一样。而从小,女儿就知道,爸爸常常都不太一样,同时,这个不一样,也正一天一天地成为小女孩看自己的不一样。

我继续往下看,看到了填空题:

"_____是个_____,最爱_____。"(_____里面是要小朋友填入答案的。)

哈哈,看到这一题"打勾得分处",我哈哈大笑,开心地说:"黄阿赧,你好聪明喔,你知道这样考试真厉害,因为你前面有'魔术',后面也有'魔术',你只要确定会写'魔术'这两个字的注音,对的可能性就很高呢!"

女儿露出笑容,她可能开心着,爸爸和她一起庆贺。女儿窝到我身旁,在一连串的"哇——黄阿赧,你已经会写这个字了喔——"之后，我才让自己问问女儿，那个被扣了 3 分的红笔打叉处，是怎么被扣分的。

👉 眼睛一定要停在红笔打叉扣分处吗？

我想，我心里头想要的是，当孩子 15 岁了，21 岁了，回家时，会像她 7 岁这年一样，继续问我们："谁要看我的考卷？"就像她回家时，说"爸爸，我今天班会时有举手说了一段很有感觉的话"一样的心情。

想要孩子可以自然地，分享着自己生命种种的心情。考卷，只是生活的一部分，而不是铺天盖地的全部。

于是，会不会，分数真的只是人生的一小部分；会不会，丰富与精彩不被所谓的成绩表现压制、局限；会不会，忧郁的天空只有短短的季节随着枫叶出现就好；会不会，歌唱的时节可以从山林里的冬夜延续到夏天海边的清晨。

我很高兴，这个傍晚，我忍住了自己自动化的内在运作。我很高兴我的眼睛，没有往下找那个"红笔打叉扣分处"，我很高兴我的眼睛，停在第一个、第二个、第三个"打勾得分处"。于是,说不定,我的女儿,人生,就比她的爸爸,快乐自由多很多。

我有时候会想,这几年,我唯一有的小小的进步,说不定就是,我开始少看了自己的"红笔打叉扣分处",然后,真的多看看,生命中其实很不容易才有的"打勾得分处"。

亲爱的孩子,你将会长成什么样子?你将会拥有什么样的朋友?

爸爸,给你好多好多的祝福。

生命的阶梯,一级又一级;生命的高山,一座又一座;拥有一些,就很好,不要拥有太多。

拥有一些,就很好,不要拥有太多。

第四部分　在对话里，陪孩子长出力量

孩子，就这样悄悄地学会了

➥ 这样的女儿，这样鼓励我

大女儿快 8 岁的某一个星期六，夫人去带工作坊，所以啊，我要负责照顾两个小妞妞一整天。前一天，也就是星期五的晚上，睡前，小女儿在床上滚来滚去的时候，还甜甜地说：*"好期待明天喔，明天爸爸要照顾我们。"* 两个小妹妹想象着上跳舞课时，从来没有爸爸在透明落地窗后头看着她们翩翩起舞，有一份很特别的期待。

只是，有一阵子忙着熟练、顺畅写书的我，带孩子就生疏了。

早晨，带着两个加起来 12 岁的孩子去市场里的包子店吃豆沙包、白花卷、喝豆浆，我人生第一次知道白花卷就是没有葱花的花卷。两个小妹妹都知道自己爱吃什么，也都吃得津津有味,大女儿黄阿赧还分享了有点吃不下的白花卷给没吃过的爸爸吃。离开前,小女儿阿毛说还要吃一个花卷,我说好啊,然后就多外带了一个白花卷。这个流程之外的发生,就点起了争执的火种。

"阿毛,给姐姐吃一些好不好?"大女儿嘴馋了起来,忍不住开始这样请求。

"不要,这是我的。"霸气的小妹妹,知道这是爸爸买给她的。

"阿毛,给姐姐一些嘛!你的白花卷那么大个。"爸爸加入角力战场。

接下来,是挺熟悉的争吵流程了:阿毛只肯给姐姐一小小口,姐姐觉得阿毛太小气,爸爸说阿毛给姐姐多一点嘛,然后,阿毛委屈地剥了大块一点给了姐姐,然后姐姐一口吃下,接下来,阿毛委屈满溢、泪洒街头。

原本兴致很高、要带给两个小女孩快乐一天的我,这个带孩子已经生疏了的爸爸,瞬间一把火上来。轰轰轰,烈火燃烧,控制感如风沙般忽然飘散。我气,我气给了那

第四部分　在对话里，陪孩子长出力量

么多选择，给了那么大的空间，这两个臭小孩，还是要在一早这个一天美好的起点，这样吵，这样哭，这样僵持不下。我气，我气教了这么多年，这两个臭小孩，还是没有学会想办法。所以，气很大，气很大。

很大的气像是冰冻的风，瞬间凝固了原本流动的情。

这一整天，因为类似的争吵桥段，我竟然发了两次脾气。到了晚上，夫人回来了，全家一起吃晚餐的时候，我懊恼着，叹着气跟夫人说：

"哎，我今天发了两次脾气，我有点责怪自己，做得不够好，想要下一次可以再进步一点，再做好一点。"

大女儿听到了爸爸正在跟妈妈说的话，在一旁的她，忽然对着我说："爸爸，你生气都没有怪我们，都还要让自己做得更好一点，你好棒喔！"

我听了女儿的真心话语，差一点哭出来了。

"我觉得你真的好努力喔！"女儿看着我的眼睛，又补上一句。

"这样喔——"，我感动地接收着。

这样的女儿，在这样的一天两次脾气之后，这样鼓励着当爸爸的我。因为这一句孩子真诚的鼓励，这一天就过了这一关。我也第一次感受到，原来，一句这样简单、直接的鼓励话语，可以重写一整天的挫折和自责。

我想啊，会不会是因为在她的成长历程里，在挫折的时候，我有这样陪着她、看着她的眼睛鼓励着她，所以这一天，她学会这样大大地、毫无保留地鼓励了爸爸；然后，说不定啊，有一天，她也会在雷电交加、乌云盖天的日子，这样鼓励了她自己。女儿的鼓励话语，让我想起了她更小的时候，也有几次让我惊艳的话语。来看看这3个好多年前写下来的小故事。

小故事1："你觉得不好听喔，姐姐觉得很好听呀！"

那一年的冬天，4岁的大女儿和2岁的小女儿，这两个姐妹，正式进入"可以一起玩耍或吵架"的阶段。

每天早晨，一个人睡婴儿床的小女儿，7点左右，被太阳照醒,就会一个人在婴儿床上叫:"爸爸……妈妈……姐姐……"

有时候很想偷懒的我们,没有在第一时间就去抱她,因为身体与心理都不受控制的 2 岁小孩,只要一旦被抱出了有高高栅栏规范的婴儿床,就挺麻烦。所以,你可以想象小小的小妹妹在婴儿床上,不怎么带着希望又有点哀怨地叫着"爸爸……妈妈……姐姐……",这样断断续续地叫着,而客厅外的爸爸电脑开机声,姐姐喝水声,让小妹妹知道越来越有机会了。于是,"爸爸!……妈妈!……姐姐!……"的声音越来越响亮!

这一天,大约 8 点多一点点,大女儿打开妹妹房间的门,进去了。小姐姐拿着夫人前一天说的绘本《哼!我好气!》,有模有样地,大声地朗读着绘本,看着图,模仿妈妈前一天的语气,活灵活现地讲着绘本给妹妹听。我和夫人充满兴味地,偷偷在门外听着(因为一旦被小妹妹的眼睛瞄见了爸爸或妈妈,就只好去抱她出关了)。

大女儿非常卖力地说着绘本,一整本绘本被完整地演完了，小姐姐抬头跟妹妹说："阿毛，很好听对不对？"

正处于叛逆首发期的2岁阿毛，竟然歪着头帅气地说："不好听。"门外的爸爸和妈妈，因为小妹妹的霸气回应，为小姐姐捏了一把冷汗。

可爱的小姐姐，竟然气定神闲地这么说：

"你觉得不好听喔？可是姐姐觉得很好听耶！"

哈哈哈哈！门外的爸爸开怀大笑，开心地笑到眼泪都流出来了！果然是亲生的，如假包换！

4岁的小姐姐，没有因为妹妹的否定而挫折，真是太好了。来，我们倒带一下，解析也回味一下这段美好的经典对话。

A 小姐姐抬头跟妹妹说："阿毛，很好听对不对？"
B 小妹妹说："不好听。"
C 小姐姐："你觉得不好听喔？可是姐姐觉得很好听耶！"
D 门外的爸爸开怀大笑，哈哈哈哈！

第四部分　在对话里，陪孩子长出力量

A　"阿毛，很好听对不对？"

大女儿这一句，真是得到爸爸的真传，厉害厉害。黄阿赧不是给了一个进入评价系统的问句，像是："阿毛，你觉得好听吗？"而是先假设"很好听"，然后才问："对不对？"这个孩子，可能因为喜欢自己，所以能拥有这样的好假设！

B　小妹妹："不好听。"

阿毛这一句也挺直接表达，只是有点霸气就是了。

C　小姐姐："你觉得不好听喔？可是姐姐觉得很好听耶！"

这一句最经典，不受回馈者的负向说法影响，但是，仍旧不忘回应对方："你觉得不好听喔？"这个回应很珍贵，因为通常我们收到负面回馈时，容易开始忙着难过起来，跑到自己的悲惨世界里，哪有力气仍然能够回应对方。

接下来这句，力量十足："可是姐姐觉得很好听耶！""可是"用得正是时候。什么时候用"可是"呢？就是这个时候用。当别人可能忘了带着善意回应你的时刻，正是好好地用这个精彩的发语词"可是"的重要时机。"可是姐姐觉得很好听耶!"直接用姐姐来称呼自己,两只脚站得稳稳地,自己赞叹自己,享受自己刚刚用心、好好地讲了绘本给妹妹听。

D 门外的爸爸开怀大笑,哈哈哈哈!

这个开怀大笑,是非常有力量的正向的支持者(Positive Sponsor),也就是这本书的前文有提到的那种很纯粹的太阳能量。用开怀大笑,让孩子知道,爸爸超级欣赏她这么说、这么做。于是,这个孩子,会更有支持力地做这样的自己。

生命的春夏秋冬,总有机会遇到有人忘了带着善意回应,这个时候,刚刚这个赞叹自己的经典句型,说不定挺好用喔!

我有时候会想,当爸爸妈妈的常常忙着想:"我可以怎么教我的孩子,让他可以……"如果,我们有些时候放下

第四部分　在对话里，陪孩子长出力量

这些想法，<u>静下心来真的听见孩子可爱又真实的样子，然后停下来赞叹、喜欢、哈哈大笑、开心拥抱</u>，这时候，我们不只有机会让孩子完整地知道刚刚发生的是一种美丽，同时，我们还可以跟孩子偷学一点我们本来不会的想法呢！

小故事2："阿毛，我知道你很想玩猫砂……"

有了两个女儿之后，夫人常常要我少骂脏话，怕女儿学了不好，我也真的很不自然但挺努力地收敛了不少。其实，我也不是很担心，因为我总觉得，女儿从我们身上学到的好东西，很有可能会比脏东西多很多。

有一天，大女儿只有3岁的时候，发生了一件事，证明了我的相信。

那一天的场景是这样的：小女儿、大女儿、夫人一起在洗衣间，夫人正在晒衣服，大女儿黄阿叔在一旁当小帮手，还有一只我们家的猫咪在一旁闲晃。我们家的猫咪有一个逗趣的客家话名字，叫做"肚士遥"，意思是肚子饿。

那个几天前才刚学会爬的小女儿，已经动作非常迅速。

忽然，迅雷不及掩耳地，小女儿黄毛毛瞬间爬到肚士遥的猫砂盆旁边，眼看白嫩嫩的小手就要抓到猫砂了，夫人手里拿着衣服来不及阻止，突然，小姐姐一个箭步，抱住了妹妹，然后这么说：

"阿毛！我知道你很想玩猫砂，可是，猫砂有肚士遥的大便，有很多细菌喔，不可以摸。"

哎呀！这么小，才3岁，就会这么美好的句型了。哈克身为心理学家，赶紧用一点点专业，拆解一下小姐姐上面的这段话语吧！

"阿毛"→直接称呼对方，有亲近感。

"我知道你很想玩猫砂"→真是高级又精确的同理心。

"可是，猫砂有肚士遥的大便"→客观事实陈述。

"有很多细菌喔"→科学知识丰富。

"不可以摸"→清晰指示，可依照指示直接行动。

这样的语句，真是出乎我们的意料之外。我猜，每回责骂或阻挡孩子危险行为之前，我们总是尽可能的，先同理孩子，然后再教导。这份长时间的用心和努力，看见孩子不知不觉中也学会了，真的有一份很大的喜悦。

小故事 3："爸爸为什么打球打这么久？"

猫砂事件之后的三五天，有一个星期五的傍晚，当爸爸的我，难得抽空可以去打网球。5:10 出门，7:10 回到家，夫人跟我说，我还没有回来之前，她看我出门打球这么久还没有回来，跟大女儿有这么一段聊天的桥段。

夫人："爸爸怎么去打球打这么久啊？"

3 岁的大女儿："可能是爸爸的朋友很喜欢和爸爸一起玩吧！"

呵呵，好棒的语法呀！3 岁的孩子，带着对爸爸正向的情感，猜测发生的是美好的事。听了，真的好舒服。

就这样，在生活里，孩子一天一天长大，不知不觉中，可能也学着这整本书里爸爸说话的模样、言语后面的意愿。然后，说不定，这些表面上充满鬼点子，但其实里头单纯而美好的心意，会像是随风飘着的种子，轻轻悄悄地，落在她们生命的某个未来。

第五部分 Part 5

许愿本

与孩子的美丽约定

"什么多一点,什么少一点?"
——许愿本缘起

那天,在春雨中,在礁溪我熟悉的露天温泉里,遍寻不着我安静的那个角落。我喜欢从那个角度,看着远方的山与雾霭,我习惯接触着扎实够硬的岩石,凝视远方,然后想想自己的生命最近这一段,有没有新的可能。

我总是爬上那块让我安静的岩石,双手环绕膝盖坐着,礁溪带着一点点凉意的风吹来,那暖暖的温泉泡过的身子,会好安静好安静。这样的安静,在多次的造访之后,让这块岩石,成为我的安静心锚。

可是,那一天的夜里,在欢笑与泪水交织的工作坊之后,我搭着接驳车经过雪山隧道,又来到这个温泉池,只是,遍寻不着这个我最能够安静下来的岩石角落,因为岩石旁的茉莉花,在春雨里正恣意地伸展着最远的枝叶,因为长得茂盛,盖住了那个安静的角落。

我想,就找另一个角落吧!

泡泡温泉,我找了另一个角落窝着,想要感受夜色,唉,没有安静的感觉。我看着茂盛的茉莉花枝叶,在那个只有我一个人的夜里,大大的温泉池畔,我做起了一件很好笑的事。因为不愿意伤害任何一枝茉莉花春天的枝芽,所以,我开始一根一根地,帮它们弯过去,高起来,低下去,让它们去和别的兄弟姐妹靠在一起。10分钟过去了,我看见我的安静角落复活了,空出来了。

我笑了。

爬上岩石,双手环绕着我的双膝,安静,不知怎的瞬间就来了。

身旁的枝枝叶叶,这样拨开;

生命的枝枝叶叶,这样梳理;

枝枝叶叶,逐渐拨开,慢慢梳理。

于是，环境里、生命里的枝枝叶叶，依然在身旁。同时，因为慢下来、梳理了，安静，整个都回来了。远山、雾霭、沁凉，都回来了。

于是，这个夜晚，在大大的岩石上，我问自己："最近的生命里，如果要少点什么，会是什么呢？"

心里浮现清晰的答案：训练工作坊的带领场次，还是太多了，要减少。

好。答应潜意识了。

接着静静地问下一个问题："那空出来的时间，要让什么多一点？"

心里清晰的答案瞬间上来：要多和孩子一起。

好。答应潜意识了。

安静的夜里，我摘下眼镜，放在岩石旁边，让直觉世界更完整。我请潜意识透露给我信息，关于多和孩子一起，可以怎么发生？哈哈，10分钟后，潜意识给了我一个活跳

第五部分 许愿本——与孩子的美丽约定

跳的信息:"许愿本"。

呵呵,真是太有意思了!我要去买两本许愿本,一本给大女儿,一本给小女儿。然后,她们可以拿笔,想到的时候,就拿起属于她们的许愿本,写下她们希望爸爸和她们一起完成的事,或想要的愿望。

闭着眼睛的我,看得到那个画面,大女儿拿着铅笔,在"黄阿赧的爸爸许愿本"里写下她的愿望。我也看得到另一个画面,大女儿拿着铅笔,温柔地问她的妹妹:"阿毛,你有没有想要什么或者想要爸爸跟你一起做什么?姐姐帮你写在你的许愿本上喔!"

然后,说不定可以,一天一天,当一个更真实的在家的爸爸。我期许着自己,出门工作,就全然地投入,而回家,就真的回了家。爸爸的许愿本,会是个很有意思的开始呢!

👉 如果动手做,正好是自己的强项

从礁溪回到家里之后,真的开始了许愿本计划。我跟孩子说好了,在许愿本里写下想要爸爸为她们做的事,或想和爸爸一起完成的事，而这些事，是那些没有办法用钱买到的。说白一点就是，先说好，排除要爸爸带她们去便利商店买巧克力之类的事情。很有意思的是，两个孩子，在接下来前前后后两年的时间，许下的愿望，都是要爸爸动手做出为她们量身订做的木工作品。

动手做，在我们的文化环境里，其实正好是不少爸爸的强项！有些爸爸可能和我一样，实在是没有足够的耐心可以帮忙很多充满细节的家事，像是叠衣服、晒衣服、收拾餐桌……可是，却有能力动手做，像是可以为家里换灯泡，清理台风侵袭过的阳台污泥，和孩子一起奔跑、流汗、玩游戏。换句话说，动手做，很可能是不少爸爸本能上就可以胜任的家庭任务。

我从孩子很小的时候，就尽量不买玩具给孩子，一方面因为大部分的玩具都是塑料的，想着要对地球好一些，所以想说塑料的东西少买一些。于是，孩子从小的玩具，有两个来源，一个是孩子自己动手创作的，另一个就是爸爸亲手做给她们的。

第五部分　许愿本——与孩子的美丽约定

木工，只是动手做的一种。

家里如果有纸箱，切下来就会有一块一块不同大小的厚纸板，可以和孩子一起完成不少立体玩具。

如果是热爱大自然的朋友，露营时动手搭起其实没有很好搭的帐篷，也是一种爸爸们很珍贵的动手做。

如果喜欢动身体，陪着孩子从装辅助轮的脚踏车，一直进阶到可以自由移动的两轮自行车，也是陪孩子健康长大好美丽的一种广义的动手做。

我猜，不少爸爸跟我一样，没有办法长时间在家里陪孩子度过漫长的周末，却有很本能的能力可以在大自然里，陪着孩子溯溪、爬山。这些动身体的活动，因为不琐碎，有不少爸爸做起来反而得心应手。

所以，下面的手作木工，是爸爸动手做的一种例子，每个想要爱孩子的爸爸，可以根据自己的喜爱、本来就拥有的能力，让许愿本有个属于爸爸和孩子独特的开花结果的方向。

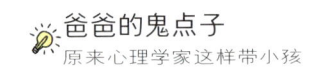

> 爸爸的鬼点子
> 原来心理学家这样带小孩

许愿本之一：手作木工存钱筒

从礁溪回到家，跟两个女儿说明了许愿本的念头之后，大女儿行动力超强，马上，那个周末，在文具店为自己亲手挑选了这本可爱的许愿本！

实体许愿本 `心法` 到手的大女儿，没有废话地马上写下第一个愿望，希望爸爸用木工，做一个存钱筒给她。7 岁的小女孩，特别口头叮咛爸爸，是要用木工喔，不是用塑料瓶做喔！

心法

对孩子来说，只是口头上许愿，跟写在一个真的本子上，似乎是两件事。口头说说，转眼就过去了；写下来，又是写在一本自己挑选的喜欢的本子上，有一种是否真的看重的差别。同时，当孩子长大了，回头来看这本许愿本里孩子生嫩的字迹，我猜想，会有一种珍贵的温馨感，和一份"还好没有错过这一段岁月"的放心感。

第五部分　许愿本——与孩子的美丽约定

所以，要开始喽！孩子下订单了呢，来动手喽！

于是，星期日的晚上，趁孩子还没有回到家，我一个人穿着短裤，在洗衣间里挥汗做木工，想说，给回家时的孩子一个惊喜。我常用的手作木工的工具很简单，一把手工锯子、一个电钻、四个固定夹、一把螺丝刀，还有砂纸，就这样而已。少少的工具，却有机会拥有美好的创作。

女儿想要一个木作存钱筒，嗯，我心里想着，存钱筒要有一个洞，才可以投钱，还要有一个装置，可以存够钱时，把钱拿出来。我坐在小凳子上，拿着木工工具，想来想去，试来试去，呵呵，做出了一个小作品。

这个作品，没有用到电动工具，只需要最简单的锯子、固定夹，和在文具店就可以买到的入门雕刻刀就可以完成喽！

时间倒带一下，这个小作品做到一半时，当屋顶还没有盖上去、投钱孔也还没有用雕刻刀挖好时，两个小家伙就已经回到家了。大女儿在洗衣间找到了爸爸，兴奋地发现爸爸正在做她许愿的存钱筒，特别高兴！

爸爸的鬼点子
原来心理学家这样带小孩

小女孩在我旁边绕来绕去又问来问去:

"爸爸,这是什么!?"

"哇!妈妈你看,爸爸真的在做我的存钱筒耶!好棒喔!"

突然,小女孩消失了1分钟。1分钟后回来了,我问:"黄阿赧,你刚刚去哪里?"

"我去许愿本打勾呀!"

"可是爸爸还没有做好呢!"

"我打勾了,还写上日期了。"

哎呀,那个刹那,是当爸爸的我最感动的时刻。7岁的女儿,对爸爸如此宽厚,爸爸只是动手开始做了,存钱筒的样子才初见成形,在女儿的心里,这个许愿竟然是已经完成,可以打勾了。

这个孩子,不求东西的完美,如此完完整整地收到爸爸的心意。我拿着雕刻刀,在小小的凳子上,却感觉天地真是宽广!这个孩子,我猜,会这样宽厚地看自己,看妹妹,看爸爸,看妈妈,看朋友……

那,就太好了。

第五部分 许愿本——与孩子的美丽约定

许愿本，表面上给了一个可能性，让孩子可以在心里头酝酿着："我想要爸爸帮我做什么？"其实，在表面的"爸爸帮我做什么"的底下，更珍贵的是，当孩子说出想要创作的东西时，我们就有了机会，可以倾听孩子想要的是什么！同时，也有机会，在互动里看懂眼前的这个孩子，身体和心理是什么模样。

许愿本，让"一起"，有了一份亲近的约定，让我们和孩子，拥有了"真的在一起"的时空，和孩子一起走入创作的世界里。这样的"真的在一起"的时光，说不定可以

在后来孩子青春狂飙期来临的时候,成为稳定风雨的无价基石。

第二天一大早,大女儿去上学了,可爱的小女儿手里拿着姐姐的许愿本之一的存钱筒,我问小女儿:"阿毛,你也要爸爸帮你做一个存钱筒吗?"

小女儿:"我不要存钱筒,我要一个荡秋千。"

哎呀!阿毛!

第五部分　许愿本——与孩子的美丽约定

许愿本之二：阿毛的荡秋千

是的。霸气十足的小女儿，无比清晰地跟我说："爸爸，我想要许愿你做一个荡秋千给我。"

哇哇，荡秋千，那不就要先买一栋有院子的房子？爸爸的存款没有那么多耶，怎么办呢？

"阿毛，你要哪一种荡秋千？"（简单的澄清问句真的很重要。）

"像上次姐姐用厚纸板做的那种啊！可以让小兔子、小鸭子、小娃娃啊，一起坐在上面荡呀荡的。"

喔，谢天谢地，原来是模型小公仔们可以游戏的荡秋千呀！那太好了。

最近认真地少接了几场工作坊，在家里和孩子一起的时间明显增加，于是，星期二的傍晚，从幼儿园接小女儿回到家里，我又一个人穿着短裤，挥汗在小凳子上做起木工了。

生这两个小可爱前,我用挺入门的木工技巧做了几个中型的家具,因此留下不少剩余的木料堆在洗衣间角落,于是,有了这些小木工的原始材料。我找到一条圆柱边角料,然后又找到一块长木板,这块长形木板,是3年前为了让女儿的小衣服可以有地方挂,而做的衣柜增建结构。因为女儿又长大了,这个增建结构不再需要了,所以我就拆了下来,变成这次荡秋千的主要材料。

傍晚时分,夫人在厨房燃气炉旁辛勤做饭,而我,在洗衣间的木工工作室里锯着木头,把那原来长长的长形木板平均锯断,变成小人儿荡秋千的两个坚固手臂。

小小的4岁的小女儿,兴味盎然地,拿了一个小凳子坐在我前头,看着爸爸大汗淋漓地锯着木头(整理书稿的时候,想起这个小女儿坐在凳子上兴味盎然地看着爸爸的画面,依然微笑升起)。

呵呵,这个作品,当真纯手工。所有的凹槽,都是用雕刻刀慢慢刻出来的。来,一起来看看许愿本之二:阿毛

第五部分　许愿本——与孩子的美丽约定

的荡秋千。

可爱的小女儿，还来不及等接合处的白胶干彻底，就已经玩了起来。她不只让小鸭、小鸡坐进去荡秋千，还让各种小公仔也进去玩耍了。

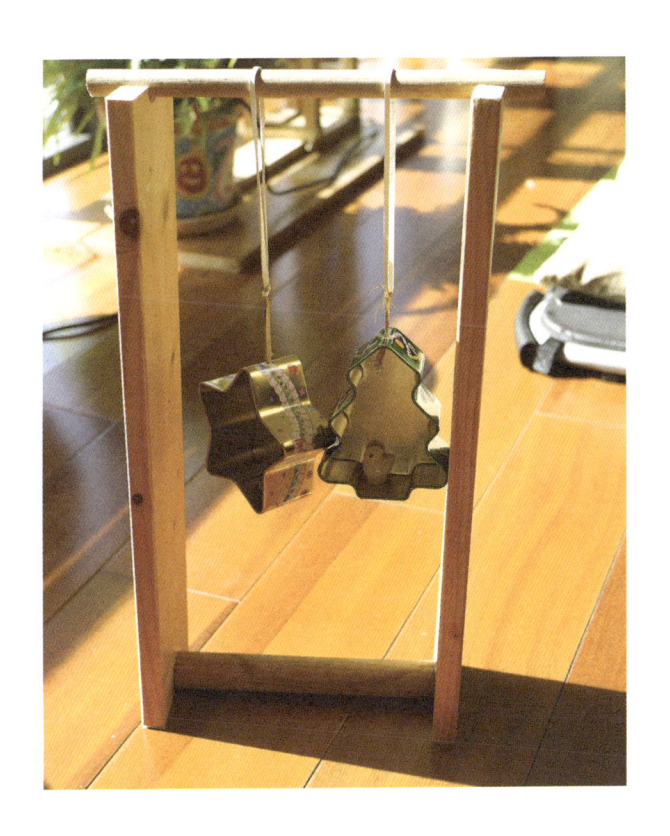

爸爸的鬼点子
原来心理学家这样带小孩

呵呵，真是太有意思了，这个傍晚，这个晚上，我实现了自己在礁溪大石头上的愿望，当我的女儿许了一个荡秋千的愿望。睡前，小女儿滚滚滚，滚到我的臂弯里，轻声地说："爸爸，我好喜欢你做的荡秋千喔！"呵呵，真好听真好听。

"爸爸，我可以再许愿吗？"

"好啊，当然好。"

"爸爸，我想要你帮我做溜滑梯，还有跷跷板。"

"呵呵，好呀。"

动手做，不管是做孩子的玩具小木工，还是在黄昏时分，牵着孩子的手在海边捡拾木材，一起动手搭起露营区篝火台上的柴堆，我发现，只要进入动手做的状态，我们很容易和孩子一起进入情感流动的状态。

动手做，因为身体动了，因为心里想着可以这样、可以那样，创造力的内在总是自然又舒畅地启动了起来。这样的能量流动让我们与孩子的"一起"，像是白天与黑夜的交界时分，夕阳晚霞随着风，随着光影，画出一整个天空的颜色。

许愿本之三：在水里会跑的小木船

许愿本，是我想到可以给孩子的礼物。孩子想要爸爸做什么，是真的想许的愿，是孩子真的想要的，又是爸爸做得到的，而且又跟钱没有关系的，就可以写在那专属的许愿本里，写下或画下自己的许愿，然后，当爸爸完成时，女儿会在许愿本的那个愿望旁边，写下完成的日子，然后为爸爸打一个勾。

许愿本之三发生在许愿本计划开始后的半年。有一天，大女儿跑来我的身旁，说她想要爸爸做一个木船给她。小女孩说不清楚她要哪一种木船，我就画了简图，问她："像这样的吗？"小妹妹脸上微微笑、点点头。

呵呵，要木船，好啊。我心里想，我不只要做出会浮在水面的木船，我想要让木船可以在水上有自己的动力，可以自己跑。

开始了!

跟往常一样,我在晒满衣服的木工间里开始挑选木块,开始动手做。

切割、接合,都是纯手工,用手慢慢锯,用白胶黏。白胶一天只能黏几个小地方,努力了一个星期后,船体细节逐渐成形。

对了,不是说,会在水上自己跑吗?动力系统,从下图的照片看比较清楚。

当然,看到姐姐有了一艘在水里会跑的木船,小女儿也会想要有自己的一艘船。于是,历经两个星期的慢慢制作,两艘木船,即将在夜里的浴缸举办下水仪式喽!

第五部分 许愿本——与孩子的美丽约定

围绕着许愿本的互动里,我们很有机会,在孩子的愿望之外,加入一些其实不难的惊喜小元素,像是小木船这个作品的橡皮筋动力系统。孩子本来只想到要有一艘可以漂在水上的木船,因为爸爸小时候有印象,小船可以这样加上动力系统,于是,就可以给出一点点惊喜!

生活里的惊喜,像是吃饱一餐饭之后,让我们惊艳又回荡的最后一道美味甜点。有时候,孩子可能忘了好多好多我们费尽心思才给出的努力,但是,却会清晰地记得,在那个夜里,小木船下水仪式时木船嘟嘟嘟嘟往前冲的小惊喜。

许愿本之四：惊叹号木工作品
——手作弹珠台

许愿本计划继续往下走，手作木工作品开始难度提升，同时，当爸爸的我，珍惜每一回孩子的许愿。这一回，大女儿在许愿本里，许了一个不小的愿望：手工木作弹珠台。这个愿望，整整花了爸爸两个月的时间，很慢很慢地、一步一步地，才完成的。

跟许愿本之前的木工作品一样，我用的木材，全都是孩子出生之前，自己动手做家具、橱柜时剩下的木料。

会花两个月才完成，是因为里头，有不少木工要用雕刻刀，手工一刀一刀慢慢挖。

而弹珠滚入的地方，我选择用孩子这个夏天吃过的冰棍棒。说着："孩子，这是你们童年的模样呀！"

越来越成形喽！为了让这个弹珠台有传家之宝的架势，

我特别拿了上回从木工师傅那里抱回来的漂流木椅脚,拿来这里用!

整个弹珠台,最耗神设计的,是弹力装置。

我花了3天苦思,终于在第3天的清晨,想出这个方法。这个设计,让大女儿有能力在橡皮筋断掉的时候,自己可以手工修理完成,然后继续玩。这样,才不会在爸爸在港澳带工作坊时,万一要换橡皮筋,要等好几天爸爸才回来。

"爸爸花3天苦思我的许愿"这件事,孩子看在眼里。

孩子看着爸爸拿着木头木棍,这里比比,那里钻钻,这里试试,那里想想。因为是动手做,孩子们亲眼看着很立体的画面,看到爸爸一直努力,不放弃地正在"想办法"。我猜,孩子会忽然知道,遇到难题时,遇到争吵时要"想办法"这件事,不再只是爸爸鼓励她们,期许她们长出来能力,而是真的爸爸也努力正在活着的样子。

动手做,就会遇见难题;遇见难题,就有了想办法的机会!这,不是很好吗!于是我这样期许自己:报纸少看,电视少看,手机少玩,而女儿许愿的,多动手做。

整理这本书的书稿时,在手作木工照片里忽然发现:当弹珠遇见了木头弹力拉手,怎么出现了这么特别的标点符号呢?是倒过来的惊叹号呢!是惊叹号的到来呢(请见下页照片)。

原来,当动手做,一个小小的弹珠台可以是漫漫人生的小小惊叹号!

第五部分　许愿本——与孩子的美丽约定

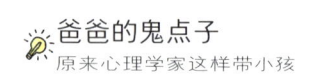

许愿本之五：阿毛的小木屋信箱

爸爸的许愿本，在一整年的春夏秋冬之后，来到了之五！

一年多的时光里，帮大女儿实现了存钱筒的愿望，为小女儿实现了荡秋千的愿望，帮大女儿实现了手作木工弹珠台的愿望，也帮两个小家伙实现了在水里真的会跑的小木船的愿望。

一个一个愿望的实现，都不简单，但过程都丰富极了！

有一次，在旅程中一家短暂停留的小店，小女儿指着角落里一个小木屋信箱说："爸爸，我想要你做这个！"

呵呵，小妹妹的幼儿园，这学期正好主题是"小邮差"，她们在幼儿园还做信封、写信、贴邮票、寄信回家呢！小妹妹想要爸爸做小木屋信箱，让小邮差的扮演更立体，好啊！

动工了。一样，这里拼拼、那里切切、然后再这里接

第五部分 许愿本——与孩子的美丽约定

接……

虽然是爸爸要做给妹妹的作品,大女儿这个小姐姐,依然兴味盎然地,天天来看爸爸做到哪里了。这个小女孩,是会为妹妹开心的那一种小姐姐。

下面这一张我和大女儿一起合作拴上锁片螺丝的照片,是那一整年的所有照片里,我最爱的一张。锁螺丝,固定"可以打开的门"与"门框"之间的锁片,是整个作品里最

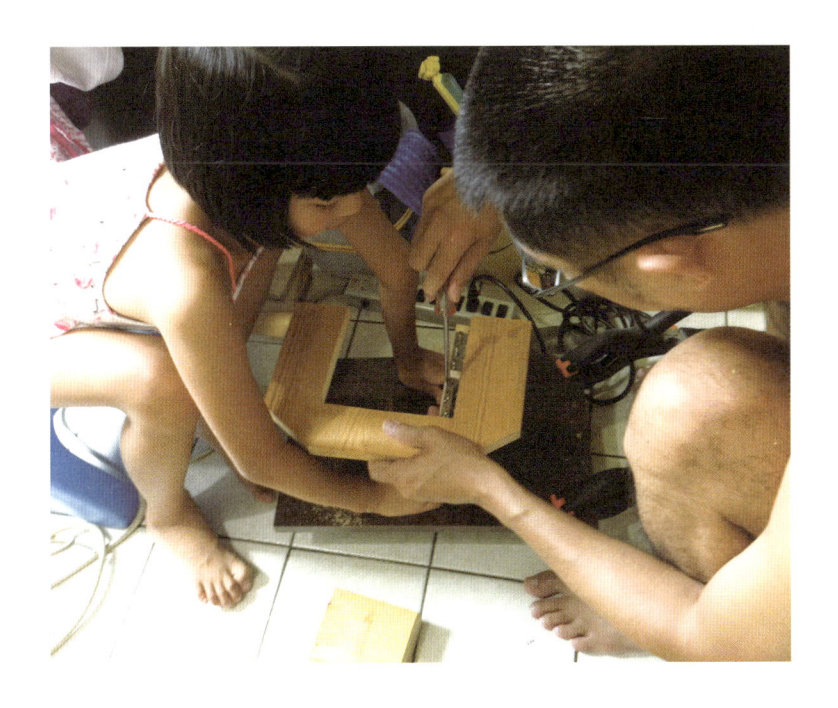

爸爸的鬼点子
原来心理学家这样带小孩

不容易的。因为有小姐姐的帮忙，才顺利完成的。你看照片里的小女孩，专注与安稳地帮爸爸握住木头的样子，真好看！

一起合作，尤其，让孩子有机会出力气，帮忙我们一起完成原本我们自己不容易完成的作品，对孩子来说，是超级有成就感的事情。"觉得自己有用""觉得自己的存在是有帮助的"，这样的健康的自我概念，常常就在孩子帮我们忙的时候，悄悄地发生了呢！

来看看完成了的小木屋。

每一个接缝，都不完美；每一个接缝，都是心意。

小女儿很爱这个小木屋信箱！完成这个作品的那个周末，刚好遇到我和锦敦的新书分享会，不少朋友在分享会里，将他们许愿的小纸条投入这个小木屋信箱里。

女儿回家时开心地说：*"爸爸，阿姨叔叔们真的有投到我的小木屋信箱耶！"*

亲爱的孩子，爸爸真高兴参与了你的快乐！

第五部分　许愿本——与孩子的美丽约定